AF576354

# Pour comprendre
# la crise syrienne

## La bibliothèque de l'Iremmo

*Collection dirigée par Pierre Blanc et Bruno Péquignot*

Cette collection se propose de publier des textes sur tous les aspects de la vie sociale de la Méditerranée et du Moyen-Orient. Tous les domaines sont concernés, de la politique à la culture et aux arts, de l'analyse des mœurs et des comportements quotidiens à l'économie, de la vie intellectuelle à l'étude des institutions et organisations sociales, sans oublier la dimension historique ou géographique de ces phénomènes.

L'objectif est de créer une sorte d'encyclopédie, au sens historique de ce terme, présentant, de façon claire et rigoureuse, toutes les connaissances produites par la recherche scientifique, mais aussi par les réflexions des acteurs impliqués à tous les niveaux de la société. Chaque ouvrage vise à faire le point sur un sujet traité dans un souci de le rendre accessible au-delà des cercles des spécialistes.

### Dans la même collection

1 - Mounir Corm, *Pour une Troisième République libanaise*, 2012.
2 - Marc Lavergne, *L'émergence d'une nouvelle scène politique*, 2012.
3 - Marc Lavergne, *Une société en quête d'avenir*, 2012.
4 - Sébastien Abis, *Pour le futur de la Méditerranée : l'agriculture*, 2012.
5 - Sylvia Chiffoleau, *Sociétés arabes en mouvement*, 2012.
6 – Fawzia Zouari, *Pour un féminisme méditerranéen*, 2012.
7 – Abdellatif Idrissi, *Pour une autre lecture du Coran*, 2012.
8 – G. Meynier et T. Khalfoune, *Repenser l'Algérie dans l'histoire*, 2013.

Olivier Marty et Loïc Kervran

# Pour comprendre la crise syrienne

*Éclairages sur un Printemps qui dure*

L'HARMATTAN

**5-7, rue de l'École-Polytechnique ; 75005 Paris**
http://www.librairieharmattan.com
diffusion.harmattan@wanadoo.fr
harmattan1@wanadoo.fr
ISBN : 978-2-343-00038-1
EAN : 9782343000381

# • • • Préface

L'idée d'écrire cet essai est née d'un double souci de réalisme et de fraternité au printemps 2011, quelques mois après le début de l'insurrection du peuple syrien. Réalisme, car il nous est alors apparu clair, au moment où l'espoir occidental suscité par les Révolutions arabes commençait à se mêler confusément à la peur de ses conséquences, que les particularités internes et régionales de la Syrie ne pouvaient laisser présager un dénouement proche. Fraternité, car la lutte héroïque du peuple syrien trouvait un écho particulier dans notre intérêt pour la région et commandait de substituer aux faux semblants et illusions le respect plus sincère pour un mouvement historique essentiellement national.

Cette contribution citoyenne que nous a permis d'apporter l'Institut de Recherche sur la Méditerranée et le Moyen-Orient (IReMMO) est proposée alors que la crise produit encore chaque jour son cortège de violence et d'espoir. L'analyse des facteurs ayant exposé le régime de Damas, et lui permettant de bénéficier de protections tacites, relève pour la plupart des éléments associés au passé[1]. L'observation des ramifications régionales du conflit, du bilan et des marges de manoeuvre de la communauté internationale, et des enjeux pour la Syrie libérée, se projette en revanche dans l'avenir incertain.

[1] Les idées directrices de ces deux premières parties ont été avancées par les auteurs en 2011 et 2012, notamment dans les Revues Esprit et Futuribles.

Avenir forgé, ne l'oublions pas, par une une aspiration exemplaire et universelle à la liberté à laquelle cet ouvrage est dédié.

# ● ● ● INTRODUCTION

L'insurrection populaire qui a débuté en Syrie le 15 mars 2011 aura marqué un tournant dans les Révolutions arabes. Fort d'une capacité d'endurance permise par ses ramifications sécuritaires et son approvisionnement militaire et financier, le régime de Damas a pu, depuis près de deux ans, réprimer dans le sang l'aspiration d'un peuple à recouvrer sa liberté. Protégé par des alliances inégales, intéressées, mais durables, ainsi que par son positionnement cardinal dans la région, il empêche toute action tangible de la communauté internationale en vue de le renverser.

Ainsi est-il mis fin aux premiers espoirs suscités par les évènements d'Afrique du Nord, tandis que se profilent plus nettement les lourds enjeux liés à la reconfiguration des rapports de forces au Moyen-Orient. La poursuite de cette situation fournit donc une occasion de revenir sur les tenants et les aboutissants de cette crise spécifique, qui ne se dénouera qu'à la faveur de l'émiettement progressif du régime sans que les Etats occidentaux et de la région ne puissent réellement faire autre chose que de contenir les dégâts collatéraux tout en rivalisant dans la défense de leurs intérêts.

Ce petit essai écrit au fil de la crise est organisé en cinq parties. Les deux premières, tournées vers le passé, brossent les caractéristiques d'un régime s'étant exposé à la contestation mais parvenant par ses ramifications internes et diplomatiques à la réprimer durablement. Les trois autres, tournées vers l'avenir, s'ouvrent avec l'esquisse de l'environnement régional dans lequel s'inscrirait la Syrie nouvelle. La quatrième partie revient sur l'action de la communauté internationale tout en exposant ce qu'il est à attendre de la situation actuelle. La cinquième, enfin, présentera brièvement les enjeux de la transition, trop longtemps occultés par l'ombre de l'actualité.

# ● ● ● DES CARACTÉRISTIQUES D'UN RÉGIME

## Comment le régime de Damas s'exposa à la contestation et parvint à s'en protéger

Homme jeune arrivant au pouvoir de façon inattendue, Bachar el-Assad hérite avec une autorité faible d'un "Etat profond"[2] caractérisé par la toute puissance d'un parti et l'empire des services de renseignements. Les réformes auxquelles il aspire se heurtent à des intérêts particuliers dans un contexte international rendu difficile par les pressions américaines autour du 11 septembre et le retrait syrien du Liban. Une modernisation de l'économie et de la sphère publique sont pourtant entreprises, mais la faillite de la gouvernance et des politiques finira par exposer considérablement le régime. Les discours nationalistes et les rêves de puissance régionale ne trompent plus une population appauvrie, instrumentalisée, et rudoyée.

[2] Ce terme repris par plusieurs spécialistes désigne l'utilisation non démocratique de l'armée, du Parti, et des communautés pour diriger effectivement le pays au-delà des structures légales.

## De Hafez à Bachar : les mutations de l'ordre institutionnel, de la gouvernance et du positionnement international

Affable et glaçant, cultivant les ambivalences de posture et de ton, Hafez el-Assad régna d'une main de fer sur la Syrie de 1970 jusqu'à sa mort, en juin 2000. Le Parti Baas au pouvoir depuis son coup d'Etat de 1966 est tôt en proie à des divisions internes issues de la défaite de 1967 et de l'intervention avortée de l'armée lors de Septembre noir[3]. Ciblé par le Président el-Atassi et le Secrétaire Général du Parti, Salah Jedid, pour son influence et sa ligne pragmatique, le jeune Ministre de la Défense les renverse tous deux en novembre 1970. Il entreprend alors la construction d'un nouveau régime mêlant « légalité institutionnelle et Etat d'exception »[4]. Ce faisant, il place en son cœur la minorité alaouite et organise autour d'elle une base politique savamment diluée.

Si le régime d'Hafez fut plus qu'une simple dictature militaire, c'est néanmoins dans l'armée qu'il puisa d'abord sa stabilité. L'institution, purgée dès 1967, se caractérise par un système efficace de « surveillance croisée » taisant les rivalités communautaires et régionales[5]. Inspiré du modèle des démocraties populaires, le Baas instaure de son côté un contrôle total du pays et de l'administration en relayant le culte du Président et offre, par son réseau de patronage, des opportunités de mobilité sociale sur fond de rivalités rurales et urbaines. Les communautés et régions sont représentées inégalement dans l'administration et le Front National

[3] La Syrie décide de réagir fin septembre 1970 au massacre des Palestiniens en Jordanie en envoyant des blindés à la frontière sans pour autant leur fournir une couverture aérienne.

[4] Voir Donati (2009), p. 65.

[5] L'armée reste majoritairement sunnite, mais les officiers les plus gradés sont surveillés par des subordonnés alaouites chargés de filtrer les ordres et d'établir des rapports secrets. Hafez el-Assad procédera de la même façon au sein du Baas, entre ses structures régionales et centrales. Voir, pour aller plus loin, Donati (2009) et Al Hendi (2011).

Progressiste (FNP)[6] met en musique un simulacre démocratique. Le puissant réseau des *moukhabarat* (services de renseignement), enfin, renforce les mailles du régime.

### *L'arrivée de Bachar el-Assad*

C'est devant un Parti plus solidement rallié à son père à partir de 1985[7] que Bachar se présentera à l'été 2000. La succession préparée depuis quatre ou cinq ans[8], notamment depuis le Liban où il affirme son autorité en se rapprochant d'Emile Lahoud[9], débouche toutefois sur une autorité présidentielle diluée dont les ouvertures consensuelles précèderont la fragmentation d'un pouvoir replié sur la famille et le clan alaouite. Les tentatives de modernisation idéologique et de reprise en main d'un Parti qui n'avalise plus la parole présidentielle et met en exergue les dissensions internes au régime échoueront lors du 10e Congrès de 2005. Bachar sera alors contraint de laisser le Baas au cœur du système mais organisera sa soumission nouvelle. Il opérera par ailleurs une recomposition du FNP qu'il enrobera de rhétoriques nationalistes pour éviter les revendications communautaires.

Les mêmes difficultés se présenteront au nouvel homme fort face à l'armée et aux services de renseignement. En plus d'un simple contrôle social, ces derniers avaient progressivement englobé des domaines réservés de la Présidence, mais au détriment de leur propre unité. Ce n'est qu'en 2005-2006 que le Président opérera une reprise en main de l'appareil sécuritaire en y plaçant ses fidèles et en veillant à l'entrée des services au sein des structures régionales du Parti. Ce « coup double » sera

[6] Coalition de partis visant à donner l'illusion d'un multipartisme.

[7] Hospitalisé en 1984, Hafez se voit contesté par des officiers ayant pactisé avec son fils, Rifat. A son rétablissement, il en exilera quelques-uns en Russie, remettra de l'ordre dans le Parti et accentuera le culte de sa personnalité.

[8] Bachar prendra la place de son frère aîné, Bassel, mort dans un accident de voiture en 1994. Le jeune Bachar a par ailleurs acquis des références occidentales pendant sa vie à Londres.

[9] Au cours de son séjour au Liban en 1999, Bachar el-Assad affirme son autorité face aux communautés syriennes proches de Rafic Hariri.

réalisé alors que l'afflux massif de réfugiés irakiens perturbe la communauté sécuritaire. De même, il tentera de restaurer le prestige d'un appareil militaire affaibli et aigri par le retrait du pays des Cèdres[10] en rétrécissant en son sein la base communautaire et en développant avec l'Iran et la Russie des coopérations lourdes de conséquences stratégiques, mais encore insuffisantes d'un point de vue opérationnel.

### *S'imposer dans la région et nouer de nouvelles alliances*

A l'image de la gouvernance intérieure, Bachar el-Assad tente dans l'ordre international de s'inspirer du pouvoir fort et du positionnement ambigu de son père pour s'imposer dans la région et inscrire son régime dans la modernité. Puisant aux racines de la frustration de la perte du Golan et d'une influence régionale en berne, le régime restaure ses alliances avec le Hamas, le Hezbollah, et les autorités iraniennes. Cette stratégie de confortation internationale de l'ordre intérieur, dont la Syrie usera et abusera, se heurtera néanmoins bien vite à la stratégie de l'Administration Bush au Moyen-Orient. C'est aussi dans ce contexte que les tentatives de reprise du dialogue avec les gouvernements israéliens, qui s'inscrivaient également dans la continuité de l'action d'Assad père dans les années 1990, ne purent aboutir en dépit de l'amorce de réinsertion diplomatique opérée de façon souterraine au début des années 2000 puis, plus officiellement, à partir de 2008[11].

Sur le plan des alliances, le régime syrien tente de maintenir les équilibres établis en élargissant ses horizons. La rivalité avec l'Arabie saoudite est compensée par le développement de liens financiers avec le Qatar et les Emirats arabes unis, tandis que la situation irakienne et la coopération larvée avec la Jordanie lui permettent d'accuser ses voisins de certains troubles intérieurs. Le rapprochement d'ampleur avec une Turquie en plein essor

[10] A l'instar du retrait des troupes soviétiques d'Europe de l'Est, l'armée syrienne revenant du Liban ne fera l'objet d'aucune gratitude populaire et sera accueillie à la frontière par les nouveaux médias liés au régime.

[11] Voir, pour plus de détails sur les négociations de paix, Daoudy (2005).

mettra fin aux anciennes querelles de la décennie passée. Plus loin, les liens stratégiques tissés avec la plupart des puissances émergentes (Russie, Chine, Brésil, Inde, Afrique du Sud) et le développement de relations économiques bilatérales avec l'Allemagne, l'Italie, et l'Espagne témoignent de l'intelligence du régime à s'inscrire à la fois dans l'évolution du monde et à rendre son isolement plus difficile[12].

## Une modernisation insoutenable : l'épuisement des marges de manœuvre du régime

Séduit par une idéologie ultra-libérale en vogue, Bachar el-Assad tente dès son arrivée au pouvoir d'imposer la mutation idéologique du Parti vers « l'économie sociale de marché » inspirée du modèle chinois. Mais son rejet politique ne diminue pas les ardeurs réformatrices du Président, qui souhaite raviver une économie sinistrée en libéralisant le tissu productif et en privatisant les secteurs bancaire et immobilier. Toutefois, ces actions sont menées sans parvenir à libérer le crédit, restructurer les banques publiques, ou élaborer un cadre réglementaire moderne.

Sur le plan extérieur, l'ouverture au commerce international s'est accélérée au fil de l'isolement politique engagé autour de la crise libanaise, particulièrement après 2005. Elle avait abouti à une symbolique importante avec la signature d'un Accord d'Association avec l'Union européenne, paraphé en 2004, mais gelé un an plus tard. Celui-ci laissa rapidement place à des accords de libre-échange moins fertiles sur le plan de la modernisation économique et sociale avec la Turquie, la Chine, et l'Iran, ainsi qu'à des accords plus restreints avec l'Afrique du Sud et des pays d'Amérique latine.

Il découla de cette politique une économie hautement spéculative alimentée par d'importants flux financiers, venant

12 Voir au sujet des relations avec l'Europe Anima (2011) et les données de la Commission européenne (CE 2011).

notamment du Golfe, et caractérisée par la mainmise d'un clan sur des secteurs entiers. Cette « République des copains » faisant allégeance au régime évolua en marge d'une société dans laquelle s'était développée, contrairement à d'autres pays du Printemps arabe, une pauvreté plus absolue que relative[13]. Au delà, c'est une « communauté d'affaires » et un nouveau tissu d'entrepreneurs, essentiellement installés dans les grandes villes et sunnites[14], qui forment une alliance fragile avec le régime en demeurant soumis à l'oligarchie. Ce semblant de modernité économique se voulant le pendant du FNP rénové dans l'ordre politique a aussi fini par traduire un rétrécissement du régime sur des bases plus restreintes.

La marginalisation du Baas, accentuée en région, s'est accompagnée d'une restructuration et d'un repli des appareils militaires et de sécurité sur des bases claniques. D'une part, les quatre services de renseignement existants[15] ont fait l'objet d'une restauration d'un système de contrôle mutuel ne favorisant que des très proches du pouvoir isolés et concurrents dans leurs actions respectives. Ceci aura de très lourdes conséquences sur la capacité de répression du régime. D'autre part, la distinction beaucoup plus visible entre les officiers alaouites de l'armée et les troupes très majoritairement sunnites s'est accompagnée, comme l'explique Caroline Donati, de trois conséquences : une autonomisation des troupes d'élite ; une incertitude grandissante sur la fidélité de troupes surtout rurales dans un contexte de communautarisation rampante ; une perte d'attrait de la carrière militaire chez les jeunes Alaouites préférant se tourner vers la fonction publique et le privé[16].

[13] Ceci est une différence par rapport au cas tunisien, et à la majorité des autres processus révolutionnaires, et peut être avancé comme une explication de la durée de la crise syrienne actuelle (Bröning, 2011).

[14] Beaucoup de Chrétiens sont également chefs de petites entreprises.

[15] Un service de renseignement militaire et un service de renseignement de l'Armée de l'air dirigés par des Alaouites ; un service de renseignements généraux et un service de Sécurité politique dirigés par des Sunnites.

[16] Voir Donati (2009), pp. 148-152.

## Le délitement du pacte social et le regain communautariste

Les premières mesures économiques hâtives et clientélistes laissent après quelques années éclater la réalité des déséquilibres économiques et sociaux. Un rapport du PNUD de 2005 révèle ainsi qu'un tiers (31%) de la population vit en dessous du seuil de pauvreté et que deux millions de Syriens (soit plus de 10%) ne peuvent assurer leurs besoins alimentaires de base. Ce phénomène grave s'accompagne d'un exode rural massif dans les périphéries des grandes villes (Damas, Alep, Homs, Hama) cumulant les problèmes de gestion urbaine, d'insuffisante protection sociale, et d'économie informelle[17]. Les campagnes sont de leur côté appauvries et désœuvrées par leur éloignement. Ces enjeux, bien que communs à beaucoup de pays méditerranéens, ont été accentués par les errances du régime.

Les gouvernements successifs avaient en effet tenté de réagir en mettant en œuvre le 10e Plan quinquennal (2006-2010) et en veillant à l'octroi de subsides épars. Mais cette stratégie a révélé ses graves insuffisances. L'administration s'est perdue dans des logiques sectorielles négligeant les réalités locales et fut paralysée par les querelles entre provinces clientélistes et Etat très centralisé. Par ailleurs, les aides versées ne parviennent pas à pallier les insuffisances de la privatisation de certains services sociaux essentiels et sont utilisées à des fins très politiques[18]. Ainsi, bien que la pauvreté reste, en Syrie comme dans de nombreux pays arabes, cachée et compensée par les voies familiales et souterraines, l'incapacité du régime à relever les défis du développement l'a considérablement exposé.

..............................

[17] Le taux d'urbanisation syrien est de 50.8%, et la densité des grandes villes considérable.

[18] Certaines communautés sont ainsi maintenues dans le dénuement pour assurer leur clientélisation tandis que d'autres sont favorisées de façon arbitraire, comme la région côtière alaouite.

Cette décadence débouche au plan social sur un développement massif de l'iniquité et des inégalités dans une Syrie achevant d'éliminer sa classe moyenne intermédiaire. Elle met en exergue la conjonction des failles d'un appareil administratif ancien et à bout de souffle et l'inexpérience notoire d'un régime acculé à se reposer sur des pans de plus en plus fragmentés de son pouvoir. Mais elle apporte également des enseignements sur l'évolution des évènements actuels : la situation des grandes villes explosives dans leur périphérie (Alep, Damas, Hama, Homs) est déterminante, de même que les réactions communautaires dans l'Est du pays et sur la côte alaouite. La fin de la contrebande pétrolière irakienne, stoppée par la deuxième guerre du Golfe, n'arrangera rien. Dès lors, une gestion au cas par cas dépendant des finances et des relais de l'armée et du Parti apparaît d'autant plus incertaine.

Bachar el-Assad tente de veiller à la cohésion nationale en usant de discours nationalistes de types différents (panarabe, islamique et syrien) destinés tour à tour à des communautés religieuses, communautaires et tribales instrumentalisées. La rhétorique mettant en garde contre le danger du « spectre irakien » comme facteur de désunion nationale, puis une autre, focalisée sur les « complots extérieurs » dont la Syrie serait depuis longtemps l'objet, s'y ajoutent. Il en résulte un repli sur les appartenances primaires (confession, tribu, ethnie) dont les réactions seront déterminantes pour faire véritablement basculer le régime, en particulier en ce qui concerne les Alaouites.

La communauté sunnite majoritaire, dont la prospérité économique a été soutenue, est choyée sur le plan religieux et civil par la mise en place d'un "espace public islamisé"[19]. Les aides à la construction de mosquées, les conditions favorables d'exercice du culte et de l'enseignement, la promotion de l'œcuménisme, l'autonomie de figures religieuses liées au pouvoir sont favorisées. Ces actions n'aboutissent toutefois pas

[19] Voir Donati (2009), p. 272.

à une institutionnalisation de l'islam, ni à son expression politique, mais bien plutôt à un cautionnement de l'ordre établi qui s'est révélé utile au régime. La défense du *statu quo* par les oulémas et une population en quête d'une religiosité nouvelle forge ainsi un certain conformisme moral et sociétal à l'égyptienne plutôt qu'un spectre djihadiste[20].

La communauté chrétienne désemparée par son érosion démographique et son appauvrissement collectif, est contrastée. Bénéficiant du statut de « minorité protégée », elle est liée au pouvoir par le biais de ses élites religieuses, par une certaine liberté économique, et par la place disproportionnée qui lui est octroyée dans la représentation politique. Le Gouvernement et le Parlement lui sont ouverts, de même que l'armée, mais essentiellement à des postes techniques. Elle est séduite par le discours patriotique syrien susceptible de la ressouder en période de crise. Toutefois, le pacte de minoritaires noué avec les Alaouites est mis à mal par l'évolution de la réalité sociale et l'environnement régional : l'Etat ne paraît plus en mesure de donner aux Chrétiens suffisamment de garanties, et le clergé est impuissant à répondre à leur désarroi.

Après avoir, pour certaines d'entre elles, été utilisées par Hafez lors de la répression contre les Frères musulmans, les tribus syriennes pactisent toujours avec un pouvoir impuissant à transcender leurs spécificités. Utiles dans la soumission du monde rural, elles permettent au régime de « tenir » les campagnes en dépit de certaines rivalités neutralisées parfois par la force. Dans la même logique, le régime tente d'imposer la suprématie de l'Etat à la communauté druze installée autour du Golan et de la Jordanie en octroyant à ses notables quelques postes publics de second ordre. Ces élites civiles sont secondées par des cheikhs reconnus comme interlocuteurs. A l'instar de celle du Liban, cette communauté à la loyauté variable dispose

[20] Il faut toutefois noter que les revendications d'ordre politique ne sont pas exclues à terme. Voir Donati (2009), Al-Hajj (2007) et Perthes (2005).

ainsi d'une capacité de médiation, mais au prix de dissensions fomentées régulièrement en son sein.

Enfin, l'ancienne question kurde de Syrie finit par devenir lancinante pour le régime actuel. Privés de droits et de la moindre reconnaissance ethnique, sociale et culturelle depuis les années 1960 en dépit de leur poids démographique important (environ 8% de la population), les Kurdes laissent aujourd'hui éclater des revendications anciennes réprimées par un régime qui ne parvenait plus à user de leur levier contre l'Irak et la Turquie. La dynamique des jeunes issus de cette communauté, dans l'Est délaissé mais surtout dans les banlieues des grandes villes, s'inscrit dans une radicalité que les partis censés les représenter ne peuvent plus contenir en raison de leur soumission au pouvoir. Les autorités refusant de revenir sur l'arabité de l'Etat s'exposent logiquement à une mise en cause territoriale dont les tenants et les aboutissants régionaux ne dépendent plus de lui mais bien de ses deux voisins.

## ●●● UNE PUISSANCE RÉGIONALE ISOLÉE MAIS INCONTOURNABLE

### Comment, passée une période d'isolement, le régime de Damas parvint à se rendre incontournable dans la région

Bachar el-Assad arrive au pouvoir dans un contexte international qui ne servait pas la Syrie : échec des tentatives de paix avec Israël à la mort de son père, pressions américaines autour de la guerre en Irak, isolement grandissant sur la question libanaise. Il parviendra toutefois à retourner les évènements en sa faveur et à affirmer le rôle de puissance régionale incontournable de la Syrie en consolidant son alliance avec l'Iran à partir de 2003, en conservant de vrais leviers d'influence au pays du Cèdre, et en affermissant le « Front du refus » avec Mahmoud Ahmadinejad et Hassan Nasrallah. Confortée dans ses analyses sur les erreurs américaines et israéliennes dans la région, la Syrie ménage alors son retour dans la communauté internationale en 2007-2008 tout en bénéficiant, en outre, des protections permises par ses alliances avec de grands émergents, dont la Russie et la Chine.

## La quête d'un nouveau statut de puissance régionale

La mainmise syrienne solidement établie sur le Liban à la fin de la guerre civile (1990)[21] fait suite aux échecs des coopérations nouées tour à tour, depuis les années 1970, avec l'Égypte, l'Irak, l'Arabie saoudite, et les différentes représentations palestiniennes. Elle permet à nouveau à la Syrie de négocier les dossiers régionaux en position de force et en tentant de promouvoir un règlement global que la Conférence de Madrid d'octobre 1991[22] semble consacrer. Mais c'est la faillite ultérieure du processus d'Oslo (1993) qui redonnera paradoxalement à la Syrie un statut d'interlocuteur privilégié avec Israël.

La priorité d'une paix syro-israélienne est en effet soutenue par les gouvernements puis l'establishment militaire israéliens, ainsi que par les Américains et les Français, jusqu'à l'échec de la Conférence de Genève de mars 2000. L'intransigeance d'Ehud Barak, qui faisait suite à celle de Netanyahu, sur les frontières de 1967 et l'accès au Jourdain, avait alors marqué le terme d'une possible réconciliation[23]. Les volontés de la Syrie ne seront pas faites, et la confiance qui lui fut un temps accordée, en particulier par les Etats-Unis et la France, s'évapore.

### *L'étau américain autour de l'invasion irakienne*

La distanciation américaine s'accentuera à la suite des attentats du 11 septembre, qui ouvrent la voie au projet de « nouveau Moyen-Orient » imaginé l'Administration Bush. L'invasion de l'Irak, débutant en mars 2003, met en effet la pression sur Damas, qui est le seul Etat arabe à prendre ses

[21] Les Accords de Taëf (1989) mettent fin à la guerre civile et déterminent la répartition communautaire des institutions libanaises. L'influence syrienne se trouvera renforcée par l'Accord de Fraternité syro-libanais scellé dans la foulée (1991).

[22] Organisée avec l'aval des Etats-Unis et de l'Union soviétique, la Conférence de Madrid engageait le processus de paix entre Israël et les pays arabes scellé à Oslo deux ans plus tard.

[23] Voir pour aller plus loin Daoudy (2005), Gold *et alii* (2009), Donati (2009).

distances avec le projet américain en raison de ses intérêts commerciaux, et notamment pétroliers[24], et de la menace potentiellement portée à son intégrité territoriale et à son propre régime.

Après avoir tenté de rallier un front anti-guerre avec la Turquie et en mobilisant la rue arabe, Bachar el-Assad décide de jouer avec le feu en envoyant des volontaires syriens en Irak, en y acheminant du matériel militaire, et en donnant asile à des anciens dignitaires du Baas irakien. Mais il s'expose ainsi à des menaces américaines quotidiennes au printemps 2003 et est forcé de faire des concessions significatives : fermeture des postes frontière en mai de la même année, expulsion de dignitaires irakiens, musèlement des réseaux palestiniens, contrôle du Hezbollah au Liban, et retrait partiel de l'armée syrienne au Liban en juin 2003.

Cette soumission ne sera pas pour autant totale, car la Syrie poursuit une aide réelle aux insurgés irakiens dans le but de ménager ses objectifs stratégiques, à commencer par la poursuite de son influence au Liban et sa confrontation avec Israël. L'Administration Bush, qui en est consciente, décide alors de mettre fin à sa politique « d'engagement constructif » avec Damas, et de faire voter un train de sanctions à l'encontre du pays tout en défendant la souveraineté libanaise[25]. C'est alors que le Président Chirac, déçu lui aussi par ses tentatives de coopération avec Damas en vue de soutenir son ami Rafic Hariri, Premier ministre libanais, propose au Président Bush embourbé en Irak de porter le dossier libanais au Conseil de sécurité. Le pari du Président français, avalisé par la diplomatie américaine, était de provoquer une fragilisation du régime syrien par le biais du départ de son armée et du désarmement

[24] La Syrie bénéficie en effet, au titre de son rapprochement avec Saddam Hussein, de livraisons de pétrole à bas prix qu'elle revend aux autres pays de la région.

[25] Cette politique se traduit par la promulgation du « Syrian Accountability and Lebanese Sovereignty Act », en décembre 2003, qui sera mis en œuvre au printemps 2004.

des milices libanaises. La coopération aboutira au vote de la Résolution 1559 en septembre 2004, qui ne portera pour autant pas tout de suite ses fruits, et qui n'empêchera pas le régime syrien d'accentuer sa coopération avec l'Iran.

### *Renforcement de l'alliance avec l'Iran*

Initiée en 1979, à la suite de la chute du Shah et du rapprochement égyptien avec Israël et les Etats-Unis, l'alliance syrienne avec l'Iran est renforcée à partir de 2003. Les deux pays, encerclés par les interventions américaines en Irak et en Afghanistan, tissent alors des liens commerciaux et militaires en renforçant leur soutien aux forces de la résistance. Cette politique se traduira sur le plan sécuritaire par des trafics d'armes plus nombreux tant au bénéfice du Hezbollah que du Hamas et du Djihad islamique. Ces armes, qui empruntent les voies terrestres, maritimes et aériennes, souvent via la Syrie ne sont d'ailleurs pas toutes iraniennes, mais bien russes, chinoise, et sud-américaines. La Syrie assure également un entraînement de groupes sur son sol, et poursuit un soutien logistique à Hassan Nasrallah et à Khaled Mechaal, alors tous deux résidents à Damas. Bien qu'ayant sans doute un poids inégal dans ce soutien, les deux pays y trouvent leurs intérêts liés, pour l'un, à une posture très agressive vis-à-vis d'Israël et, pour l'autre, à une volonté de maintenir une présence militaire au Liban et de peser en région.

L'alliance nouée entre l'Iran et la Syrie n'en demeure pas moins assez inégale. Lorsque la Syrie fut isolée au milieu de la décennie 2000 autour de la crise libanaise, l'Iran a été renforcé par la tournure des évènements irakiens et afghans, qui lui a permis de s'afficher comme un défenseur des musulmans au Moyen-Orient. De plus, le soutien de l'Iran à la minorité chiite de Syrie n'a pas permis de s'allier toute la population du pays, de même que les investissements de l'Iran en Syrie étaient bien supérieurs à ceux de la Syrie en Iran, bien que peu aient été menés à bien. Enfin, l'accord de défense scellé entre les deux régimes l'a été au profit de l'Iran. Ces éléments ont ainsi conduit la Syrie, plutôt que de s'affranchir de son allié, à diminuer son importance et à rechercher une capacité d'action indépendante, notamment au Liban.

Cette alliance n'en est pas pour autant demeurée moins forte et constante au fil d'une normalisation des relations internationales de la Syrie. L'intérêt commun des deux pays à combattre Israël et à faire preuve de fermeté vis-à-vis des Etats-Unis l'explique, et se traduit par une alliance tripartite avec le Hezbollah libanais tout en affichant un soutien au Hamas. Ainsi, en février 2009, le Président Assad reçoit-il à dîner à Damas le Président Ahmadinejad et le leader du Hezbollah, Hassan Nasrallah, peu de temps après qu'Israël ait fait une démonstration de force à Gaza (2008). Cet épisode avait aussi lieu alors que le dossier nucléaire iranien revenait sur le devant de la scène, et que le Liban s'engageait sur la voie d'une timide réconciliation politique lors des accords de Doha de 2008.

Comme l'indique le Rapport Guigou[26], cet exercice d'affichage du pouvoir syrien peut s'expliquer de plusieurs façons : rassurer l'Iran alors que la Syrie s'ouvre à l'Occident ; afficher sa fermeté vis-à-vis des Etats-Unis ; mettre en garde Israël ; affirmer que la Syrie est toujours présente au Liban ; ou se présenter comme un interlocuteur possible vis-à-vis de l'Iran. Selon le point de vue duquel on se place, toutes ces explications sont valides et se mélangent : pour les Israéliens, affirmer la solidité des liens avec Téhéran est apparu comme le plus important ; pour les Palestiniens, une défense morale de leur cause l'était aussi. Du côté syrien, le souci d'affirmer son influence au Liban, en étant un protecteur du peuple palestinien, tout en prétendant être un interlocuteur sur le dossier iranien, permettait sans doute d'afficher un poids politique prépondérant.

[26] Rapport d'information de la députée Élisabeth Guigou sur « La place de la Syrie dans la communauté internationale »(2010).

Preuve de la solidité des intérêts communs des deux pays, cette alliance a su résister, en marge de l'ouverture de 2008, à quelques épisodes qui auraient pu l'affaiblir. L'évolution de la situation irakienne, d'une part, où l'Iran a le souci constant d'accroître son influence et où la Syrie souhaite renforcer le nationalisme arabe promu par Damas, et qui s'est traduite, pour un temps, par une volonté commune d'appuyer Iyad Allaoui lors des élections de 2010. Le rapprochement syrien avec l'Arabie saoudite, d'autre part, qui pour déplaisant qu'il fût à l'encontre de l'Iran, permit à la Syrie d'amadouer les Etats-Unis[27]. La concurrence des deux pays dans l'instrumentalisation du Hezbollah, enfin, qui fut nette lors de l'opération israélienne sur Gaza en 2008, au cours de laquelle l'Iran souhaitait une implication du mouvement dont la Syrie ne voulait pas.

## L'isolement syrien dans la crise libanaise

Malgré ses velléités contestataires, le régime de Damas entrera dans une sérieuse période d'isolement autour de la crise libanaise accentuée par l'assassinat de Rafic Hariri. Il est nécessaire d'y revenir pour comprendre le retour diplomatique de la Syrie en 2007-2008 ainsi que les évènements actuellement observés au Liban. Le Liban est stratégique pour la Syrie pour des raisons historiques, des intérêts économiques, un prestige national, le renforcement du régime, et une capacité de nuisance régionale. L'affaiblissement de Damas au Liban commence avec le retrait israélien du Sud-Liban en 2000, qui a pour conséquence de faire perdre à la Syrie un levier dans la négociation du conflit israélo-palestinien, un espace de confrontation, et une légitimité à sa présence dans le pays du Cèdre[28]. Le soutien continu aux factions palestiniennes dans le

[27] Ce rapprochement n'aura d'ailleurs pas été très fructueux, de même que la visite du Président Ahmadinejad à Riyad en mai 2007 ne témoignait pas d'une nouvelle proximité mais d'un souci de dissiper la tension régionale.

[28] Ceci est vrai même si le maintien israélien sur les fermes de Cheeba ainsi que le patronage des factions palestiniennes hostiles aux accords d'Oslo lui permettent de continuer à maintenir une influence en Palestine.

contexte du raidissement américain de la période, est en contradiction avec les appels à la paix régionale que la Syrie exprime, et poussera l'Etat hébreu à bombarder le quartier général du FPLP-CG à Damas en octobre 2003. Cette opération suivie, en 2004, de l'assassinat du chef de la branche militaire du Hamas hors les Territoires, coïncide aussi, avec la fin de l'immunité tacite que l'Amérique avait octroyé à Damas, avant d'ouvrir le nouveau cycle de confrontation lié à l'invasion de l'Irak.

Comme nous l'avons vu, l'étau américain se resserre alors sur le pays, à qui l'on reproche de front son soutien aux terroristes, sa présence au Liban et son alliance avec l'Iran. Et les sanctions économiques américaines de décembre 2003 se cumulent aux appels de la communauté internationale à quitter le Liban. La stratégie d'affaiblissement du régime porte ses fruits car c'est sur la gestion du dossier libanais repris par le Conseil de sécurité que les dysfonctionnements entre les services, les membres du Parti, et le cercle du pouvoir éclatent au grand jour. Ils conduiront le régime à resserrer les rangs à l'intérieur en usant à nouveau d'une rhétorique nationaliste.

La ligne ferme tenue pour des raisons stratégiques et économiques par l'entourage de Bachar el-Assad se heurte autour de l'élection présidentielle libanaise de septembre 2004 à la France et aux Etats-Unis. Après la Résolution 1559 de 2004, qui met en cause la Syrie sur toute sa politique libanaise, celle-ci est obligée de céder et retire son armée au printemps 2005 suite aux manifestations populaires provoquées par l'assassinat de Rafic Hariri. L'épisode est humiliant pour l'armée syrienne, qui rentre au pays filmée par des caméras de télévision, et conduira sans doute celle-ci à réprimer avec d'autant plus de force la contestation initiée en 2011.

### *La Syrie conserve néanmoins une influence notable au pays du Cèdre*

La Syrie conservera néanmoins une influence notable dans le pays. Car si Damas a abandonné l'ambition d'une présence armée au Liban, le régime va néanmoins y maintenir ses jalons politiques et militaires pour continuer de peser dans la région et défendre une fierté nationale. C'est ainsi que Émile Lahoud et Nabih Berri, Présidents de la République et du Parlement, et alliés de Damas sont maintenus au pouvoir, et défendirent les intérêts syriens. Et que le Premier ministre, Fouad Siniora, sera ignoré par Damas et mis sous pression par l'opposition nouvelle au Courant du Futur majoritaire, composée du Hezbollah, de Amal et du Courant Patriotique libre (CPL) du Général Aoun, rentré d'exil mais exclu de participation gouvernementale malgré son bon score électoral.

Ce nouveau clivage politique traduit la montée de tensions propres à la politique libanaise mais s'organisait surtout bien plus nettement autour de la question du rôle et de l'influence syrienne dans le pays, que les difficultés d'établissement du Tribunal spécial pour le Liban (TSL) cristallisèrent. Le renforcement du Hezbollah suite à l'intervention israélienne au Liban de 2006, et la montée des tensions entre les camps du 8 mars (allié à Damas) et du 14 mars (opposé à Damas), firent courir un temps le risque de guerre civile et de tensions que la Syrie eût tout intérêt à alimenter.

Les accords de Doha de mai 2008, prévoyant l'élection d'un nouveau Président de la République et la formation d'un gouvernement d'union nationale, fournissent à la Syrie l'occasion de prétendre qu'elle concoure avec bienveillance à la baisse des tensions libanaises. Dans la foulée, sa réintégration dans le concert diplomatique dans le cadre de l'Union pour la Méditerranée, à l'été, elle-même suivant des négociations de paix avec Israël, ainsi que l'ouverture de relations d'Etat à Etat avec le Liban, paraissent être autant de signes annonciateurs d'avancées entre les deux pays.

Peu de changements concrets sont toutefois notés dans la relation bilatérale, comme en attestent les nombreux contentieux syro-libanais toujours en suspens. Que ceux-ci concernent l'absence de délimitation des frontières, les armes des Palestiniens hors des camps, les prisonniers libanais en Syrie et, bien sûr, la trop lente révision des accords bilatéraux issus de Taëf, la Syrie parvient à maintenir des leviers d'influence diffus au Liban. Quant à l'armée et aux services de renseignement libanais, ils ont été profondément marqués par la tutelle syrienne, le corporatisme, et le clientélisme, et affichent des divisions internes plus nettes depuis 2005. Ces imbrications institutionnelles et militaires se greffent sur celles des deux tissus sociaux et économiques et expliquent que le gouvernement libanais soit impuissant à gérer les effets de la crise syrienne dans le pays.

## Des avancées avec l'Europe au cours de la période d'isolement

Le contexte d'isolement diplomatique de la Syrie autour de la crise irakienne et libanaise n'en est pas moins propice à une timide avancée du partenariat européen et d'alliances bilatérales. Un accord d'association avec l'Union européenne est ainsi paraphé en 2004, mais sa ratification très vite gelée (avril 2005) en raison de la situation libanaise. Avant que les négociations le concernant ne soient reprises en 2008, la Syrie développe néanmoins des relations bilatérales fortes et allégées de conditionnalités avec l'Allemagne, l'Italie et l'Espagne, qui passent outre la position de la Commission en effectuant des visites diplomatiques dans le pays en 2006.

Conscient de l'échec de la stratégie d'isolement, le Président Sarkozy décide de son côté de renouer avec le pays en élaborant des relations diplomatiques, mais aussi culturelles et administratives, avant de proposer en grande pompe son projet d'Union pour la Méditerranée en juillet 2008. L'accord d'association est ainsi repris en 2008 mais sa signature et ses ratifications pâtiront de l'échec du projet méditerranéen, affaibli notamment par la marginalisation de la Commission européenne et de certains Etats, dont l'Allemagne, puis arrêté par les révolutions d'Afrique du Nord.

## Isoler la Syrie a été contre-productif

Ces épisodes européens très liés à l'influence syrienne maintenue au Liban confirment que la Syrie ne peut guère être isolée. De fait, la tournure des évènements irakiens, libanais, et israélo-palestiniens donneront raison à Damas sur sa lecture des épisodes passés. Car en réaction à la ligne dure du Président Bush et à la suite de ses amorces de coopération dans la lutte contre les groupes terroristes d'Irak, la Syrie avait tôt mis en garde contre le chaos que la stratégie américaine et l'ostracisme israélien provoqueraient dans la région. De même, la « victoire » du Hezbollah dans la guerre de 2006 permet-elle à la Syrie de conserver sa carte libanaise et d'y renforcer son influence avant de revenir dans le jeu diplomatique.

Le Rapport Baker de 2006[29], appelant solennellement l'administration américaine à modifier sa stratégie en Irak et à insérer ses voisins, dont en premier lieu la Syrie, dans une stratégie régionale le confirme bien. Le manichéisme américain la classant dans « l'Axe du mal » aux côtés de l'Iran et du régime irakien renversé se voit logiquement discrédité par les catastrophes concrètes qu'il a engendrées. Les pressions opérées sur l'Iran et la Syrie traités maladroitement de façon conjointe à des fins de réalignement stratégique global[30] ne laissent présager aucune inflexion positive. Mais si l'isolement est contre-productif, la réinsertion diplomatique est de courte durée.

Le « front du refus » que noue le régime syrien avec l'Iran d'Ahmadinejad, le leader du Hezbollah, Hassan Nasrallah, et celui du Hamas à Damas, Khaled Mechaal, ne permettent pas de cacher que la Syrie est, derrière sa propension ancienne à

---

[29] Rapport du Groupe d'Etude sur l'Irak produit par la commission dirigée par le républicain James Baker et le démocrate Lee Hamilton et remis au Président George W. Bush en décembre 2006.

[30] Les termes de la paix avec Israël sont en effet passés, autour des années 2000, d'un échange de la « paix contre le territoire » (du Golan) à la « paix contre un réalignement stratégique syrien», beaucoup plus difficile à atteindre.

user du double discours et des ambivalences de posture, à la recherche d'une reconnaissance. Cette volonté, qui ressemble à s'y méprendre à celle de la nation iranienne blessée par des humiliations centennales, est d'abord dirigée vers les Etats-Unis et trouve son prolongement régional dans ses aspirations à reprendre des négociations avec Israël. Le gouvernement d'Ehud Olmert utilisant la Turquie comme intermédiaire en 2008 laisse un temps espérer un aboutissement sur ce plan. Cet épisode d'intermédiation turque est l'occasion de revenir sur deux alliances : celle avec la Turquie, fugace, et celle avec la Russie, déterminante.

## Les alliances avec la Turquie et la Russie

Au bord de la guerre en 1998[31], la Turquie et la Syrie signent la même année les accords d'Adana qui marquent le début de leur rapprochement. Cette première base de coopération concernera la question kurde, la lutte anti-terroriste, et pose les fondements d'un partenariat privilégié. Des projets diplomatiques et économiques s'ensuivent (construction de routes, réouvertures de consulats) jusqu'à la signature de l'Accord de libre-échange de 2005. Le rapprochement se renforce également autour de la question irakienne et d'une volonté commune de contenir l'influence de l'Iran à Bagdad.

Du point de vue syrien, l'alliance avec la Turquie lui permet de gagner du temps sur la question kurde, de mettre à niveau de son économie dans la perspective d'un rapprochement économique avec l'Union européenne, et de (re)-conquérir une position entre la Turquie et l'Irak. Toutefois, ceci se fait au prix d'une perte d'influence dans le reste du monde arabe. Mais c'est du côté turc que les bénéfices de la coopération sont les plus parlants : les revendications syriennes sur le territoire

[31] Les relations entre la Syrie et la Turquie s'étaient tendues durant les négociations syro-israéliennes en raison du refus syrien d'extrader un dirigeant du PKK, des questions liées à l'exploitation de l'Euphrate puis surtout, en 1997, de la conclusion de trois accords israélo-turcs de libre-échange, de coopération militaire, et de renseignement impliquant également les Etats-Unis.

d'Alexandrette sont tues[32], la Turquie se voit ouvrir un marché et gagne, surtout, une place très importante sur les questions stratégiques de la région, au Liban et sur le conflit israélo-palestinien. Ce partenariat utile à la Syrie se révèle donc inégal, comme celui noué avec la Russie.

Très intenses durant les années 1970, puis réduites à la chute de l'URSS, les relations syro-russes connaîtront un nouvel essor entre 2004 et 2008 à la demande de Damas. La Russie voit dans ce rapprochement des intérêts économiques mais surtout politiques et stratégiques. D'une part, il permet à une puissance humiliée par la fin de la guerre froide et l'élargissement de l'OTAN d'atteindre cette indispensable Mer chaude par delà son glacis perdu, et de conforter ses frontières méridionales, notamment d'un point de vue militaire, par l'amarrage de navires de guerre à Tartous et Lattaquié.

D'autre part, l'établissement de bonnes relations avec un pays arabe indépendant de l'Occident lui offre un levier sur le conflit israélo-palestinien et un moyen de discréditer les troubles musulmans du Caucase particulièrement importants pour le pouvoir russe depuis les guerres de Tchétchenie[33]. La Russie affirmera son poids politique lors de la crise libanaise de 2005, période au cours de laquelle elle poussera la Syrie à se reposer sur elle économiquement et militairement, livrant au pays des armes défensives. Le manque de coopération russe lors de la crise actuelle rejoue le scénario de 2005, en même temps qu'il permet au pays de se démarquer fortement de l'épisode libyen, au cours duquel il pense avoir été trompé.

[32] La Syrie considère que la région, reprise en 1938 à la suite du contentieux du *sandjak* par la Turquie, et peuplée d'Alaouites délaissés, lui appartient. En 1985, un avion topographique turc est abattu par les forces syriennes. Le conflit est renforcé par l'utilisation des eaux des fleuves Oronte et Euphrate.

[33] Une Russie par ailleurs en plus ou moins bons termes avec Israël, la Turquie, l'Iran, et les Etats-Unis n'en aura que plus d'influence dans la zone. Voir à ce sujet Kreutz, A. (2010).

# ••• La chute de la Syrie remet en cause l'équilibre du Moyen-Orient

## Le pays apparaît comme une plaque tectonique dont les mouvements appellent la plus grande anticipation

La révolution syrienne a la particularité de modifier la dynamique des Printemps arabes initiée en 2011, tant d'un point de vue interne que régional. A la suite du soulèvement chiite de Bahreïn, où la répression saoudienne, facilitée par l'aval des Etats-Unis et l'armement européen, avait surpris, le drame syrien confirme que le contexte géopolitique peut conduire la communauté internationale, hier si prompte à soutenir les révolutions, à ménager plus nettement ses intérêts. Car, comme l'indique Gilles Kepel, c'est bien « *l'équilibre d'ensemble du monde arabe, et à travers lui l'articulation du Moyen-Orient au système mondial depuis la seconde guerre mondiale qui fait aujourd'hui question* »[34]. Un affrontement sunnite-chiite plus marqué dans le monde arabe, sur fond de rivalités ravivées dans le Golfe et au Levant, est à craindre.

[34] Voir la tribune du Professeur Kepel publiée dans Le Figaro du 23 août 2012.

## Les belligerants de 1967 face à la nouvelle donne

### *L'Egypte, l'autre grand frère arabe*

Pour appréhender correctement la relation entre l'Egypte et la Syrie, il faut avoir à l'esprit que ces pays constituaient les deux poids lourds du monde arabe, notamment dans sa lutte contre Israël. Kissinger l'avait souligné à travers une cette phrase demeurée célèbre : « au Proche Orient il ne saurait y avoir de guerre sans l'Egypte et de paix sans la Syrie ». La relation syro-égyptienne est également fortement marquée par l'expérience de la République Arabe Unie qui a réuni entre 1958 et 1961 ces deux grands Etats arabes. Elle a laissé un goût amer à la Syrie dont les généraux baasistes ont mis fin à ce qu'ils considéraient comme une mise sous tutelle par l'Egypte nassériste. Les relations entre l'Egypte et la Syrie ont donc été longtemps distendues, l'éloignement se renforçant encore du fait de la signature de l'accord de paix israélo-égyptien en 1979 et de la proximité entre l'Egypte de Moubarak et l'Arabie saoudite, tandis que la Syrie avait fait le choix de l'Iran.

L'émergence d'une nouvelle Egypte à partir de la révolution du début de l'année 2011 s'est d'abord accompagnée d'un certain silence sur l'insurrection syrienne et d'une volonté des autorités égyptiennes de ne pas prendre parti. A titre d'exemple l'Egypte a laissé passer deux navires iraniens par le Canal de Suez en février 2012 bien que ceux-ci aient été suspectés de transporter des armes destinées au régime de Damas. Mais l'élection du Président Morsi semble avoir changé la donne. En effet, celui-ci dans son discours d'août 2012 au sommet des non-alignés à Téhéran a dénoncé le régime oppressif syrien et a même mis sur le même plan la lutte pour la liberté des peuples syrien et palestinien. Notons d'ailleurs que les personnes présentes dans la salle au moment de ce discours n'auront pas nécessairement apprécié sa portée, les traducteurs iraniens ayant systématiquement remplacé la « Syrie » par le « Bahreïn » !

Un changement de donne en Syrie avec l'arrivée au pouvoir des rebelles pourrait donc ouvrir une nouvelle page dans les relations syro-égyptiennes et donner un nouvel élan aux deux anciens poids lourds de la région. On comprendra toutefois que, étant donnés les éléments historiques de la relation entre ces deux pays, celle-ci devra être le plus égalitaire possible. Un certain nombre de questions restent ouvertes quant à la réaction d'Israël qui pourrait se sentir menacé par ce retour du binôme syro-égyptien et quant au poids des Frères musulmans syriens dans la Syrie nouvelle et à leurs relations avec leurs confrères égyptiens.

### *Les incertitudes d'Israël*

Israël a attendu le mois de mai 2012, soit plus d'un an, avant de condamner l'un des massacres de Bachar el-Assad. Ce silence pourrait paraître étrange quand on sait les liens qui unissent la Syrie, l'Iran et le Hezbollah et le profit que pourrait tirer Israël d'un affaiblissement de cet « arc chiite ». Toutefois, la Syrie fait également figure de meilleur ennemi pour Israël si l'on en juge le calme qui règne sur la frontière israélo-syrienne depuis 1973 et qu'on le compare aux événements qui sont survenus à la frontière libanaise ou dans le Sinaï. Un slogan scandé par les manifestants libanais en 2005 rappelle d'ailleurs ce paradoxe entre un Assad véritable « lion au Liban » et « petit lapin inoffensif dans le Golan »[35]. Israël semble donc partagé sur l'attitude à adopter d'autant qu'un soutien affiché aux insurgés syriens ne serait pas nécessairement bien accueilli par ceux-ci. Cette attitude d'apparente neutralité est aussi en phase avec un certain tropisme russe d'Israël.

Ces hésitations s'accompagnent d'une certaine fébrilité politique alors qu'Israël voit s'approcher les élections municipales et législatives de 2013. Si le mandat de Benyamin Netanyahou court jusqu'à l'automne 2013, des élections anticipées avaient

[35] « Assad Assad be Loubnân, arnab arnab bel Joulân », (« lion lion au Liban, lapin lapin au Golan »).

été quasiment votées en mai 2012 avant que le parti centriste Kadima ne rejoigne la coalition gouvernementale. Mais l'éclatement de cette coalition dès juillet 2012 rouvre la question de législatives anticipées qui pourraient conforter encore le pouvoir de la droite de M. Netanyahou et de ses alliés ultra-nationalistes et ultra-orthodoxes. La gauche et la droite modérée israéliennes semblent donc en position de faiblesse durable et ceci ne manquera pas d'impacter le futur de la région.

L'émergence d'une Syrie nouvelle ne semble pas devoir augmenter significativement les chances d'une paix israélo-syrienne. En effet, la rhétorique anti-israélienne qui était un des piliers du régime des Assad et qui a justifié l'état d'urgence permanent en vigueur depuis 1963, a profondément imprégné la conscience collective syrienne. L'occupation du Golan en 1967 puis son annexion par Israël en 1981 constituent également un obstacle majeur à toute perspective de paix. Il semble inconcevable pour la Syrie de signer un accord de paix qui ne lui restitue pas le Golan dont l'annexion n'a jamais été reconnue par la communauté internationale. A l'opposé, Israël ne semble pas disposé à se séparer de ce plateau qui présente un double intérêt stratégique. Les affluents du Jourdain qui y trouvent leur source constituent en effet plus de 30% de l'alimentation en eau d'Israël et confèrent aussi au pays un avantage militaire en cas de conflit du fait de sa position géographique. Enfin, on estime à environ 20 000 le nombre de colons israéliens qui vivent sur le plateau, rendant compliquée toute restitution de ce territoire à la Syrie, notamment dans le contexte politique décrit plus haut.

### *En Jordanie, la crainte de la déstabilisation*

Les liens qui unissent la Jordanie et la Syrie sont anciens et parfois inattendus. Ainsi Faycal I, le frère de l'arrière grand-père du roi actuel de Jordanie Abdallah II, a brièvement régné sur le Royaume Arabe de Syrie en 1920 avant d'en être chassé par les troupes francaises. Depuis l'histoire des deux voisins s'est croisée à nouveau dans les guerres contre Israel mais aussi en 1970, au moment de "septembre noir", quand le chef d'état-major de l'armée de l'air et ministre de la défense, Hafez el-Assad, a refusé de fournir aux chars syriens entrés en Jordanie pour appuyer les Palestiniens l'appui aérien nécessaire. Cette non-intervention des avions syriens a ouvert la voie au fiasco de l'intervention syrienne en Jordanie.

Depuis, la Jordanie est méfiante vis-à-vis de sa voisine syrienne. On retiendra en particulier que le roi Abdallah II aurait été le premier à utiliser le terme de "croissant chiite" lors d'une interview publiée dans le Washington Post en décembre 2004. Quand on sait la postérité que cette analyse aura dans la lecture des alliances moyen-orientales et dans la perception de celles-ci, on comprend les réticences entretenues par le roi à l'égard du régime de Damas. A nouveau, depuis le début de la crise, le roi de Jordanie aura été le premier chef d'état arabe à appeler au départ d'Assad.

Pourtant, la révolution syrienne est également source de nombreuses incertitudes et craintes de la part du régime jordanien. Les inquiétudes sont d'abord dues aux quelque 200.000 réfugiés syriens qui sont entrés sur le territoire jordanien depuis le début de la crise. Ces réfugiés représentent un énorme fardeau humanitaire pour ce petit pays qui multiplie les appels à la communauté internationale pour qu'elle l'aide à financer le soutien aux populations déplacées. Mais la Jordanie craint aussi une déstabilisation de son régime déjà ébranlé par plusieurs manifestations notamment des Frères musulmans qui constituent la principale force d'opposition.

Déjà en 1982 la Jordanie avait accueilli sur son sol les rescapés des massacres de Hama avec parmi eux de nombreux islamistes. L'arrivée de nouveaux islamistes et le poids de ceux-ci dans la prise en charge des réfugiés syriens en Jordanie sont donc de nature à préoccuper le régime en pleine année électorale. D'ailleurs, les Frères musulmans ont d'ores et déjà menacé de boycotter les échéances électorales de la fin de l'année qui se sont rapprochées du fait de la dissolution du parlement décidée par le Roi. Ce geste traduit une volonté de mettre les Frères musulmans devant leurs contradictions et engage un bras de fer entre le mouvement et le régime. Une arrivée au pouvoir des Frères musulmans en Syrie pourrait donc conduire à une modification des rapports de force au sein du Royaume hachémite qui pourrait être obligé de concéder aux Frères musulmans jordaniens une meilleure représentation parlementaire et gouvernementale. Enfin, certaines composantes de la société jordanienne comme la minorité chrétienne étaient plutôt opposées au départ de Bachar el-Assad.

## Quels nouveaux arcs chiites ? Les incertitudes libanaise et irakienne

### *Le Liban, victime et instrument de la crise syrienne*

Le Liban a été très affecté par le conflit syrien aux plans économique, social et sécuritaire. Les conséquences sur la stabilité politique du pays sont donc très nettes.

L'économie libanaise, d'abord, a subi un arrêt brutal : en 2011, la croissance du pays atteignait 1,5% contre une moyenne de 8% entre 2007 et 2010. Et l'environnement syrien continuera de peser sur ses perspectives ainsi que sur la robustesse du secteur financier. L'agence de notation Moody's s'est par exemple basée sur la détérioration de la situation en Syrie pour dégrader certains établissements bancaires en décembre 2011 et mai 2012, insistant dans certain cas sur leurs liens avec le risque de crédit souverain. Ce dur constat économique, qui impactera fortement les finances publiques, s'explique par la perte de débouchés commerciaux, du tourisme, ainsi que par l'exposition du système financier libanais en Syrie. Il est malheureusement probable qu'il perdure.

Le tissu social libanais devra d'abord faire face au maintien d'un nombre considérable de réfugiés, particulièrement au nord du pays, dans la vallée de la Bekaa, et à Beyrouth. Leur nombre, (70.000 personnes en septembre 2012) est en effet en augmentation régulière et pourrait ne pas diminuer rapidement suite à une éventuelle chute d'Assad. L'accueil, qui concerne en premier lieu des femmes et des enfants, nécessite un suivi humanitaire et médical toujours insuffisant, une implication gouvernementale pour la sécurisation des périmètres, une aide aux familles d'accueil, syriennes ou libanaises, un contrôle de la frontière pour éviter des incursions de forces du régime. Mais c'est surtout la reproduction des tensions syriennes au sein de la société libanaise, en parallèle de la vulnérabilité croissante des citoyens libanais en Syrie, qu'il faudra contenir.

Si Beyrouth a été affectée par des tensions entre pro et anti-Assad tout au long de la crise en raison de son rôle politique, c'est la ville de Tripoli et les régions du nord qui ont concentré la plupart des heurts. Ainsi, certains quartiers rivaux comme Bab al-Tabbaneh et Jabal Mohsen, l'un alaouite, l'autre sunnite, se sont-ils régulièrement affrontés. De même, les enlèvements de Syriens sunnites au Liban et de Libanais chiites en Syrie a-t-elle induit une véritable dynamique de conflit. Plusieurs régions du territoire ont été concernées, de la banlieue Sud de Beyrouth à la Beeka et au Nord du pays, accroissant ainsi le risque de tensions communautaires.

Certains évènements risquent toutefois de dépasser la population et les autorités libanaises. Ainsi, le développement d'organisations armées et parfois d'obédience islamiste allant appuyer l'insurrection syrienne à partir du nord du pays ferait l'objet d'interventions étrangères. Des groupes salafistes présents au nord Liban seraient par exemple soutenus par l'Arabie saoudite, alors que les Etats-Unis auraient augmenté leur nombre d'agents sur place, officiellement pour surveiller les fournitures d'armes à l'Armée syrienne libre, mais aussi pour neutraliser des djihadistes. Dans le même temps, l'implication des services syriens présents au Liban et les violations de souveraineté territoriale par l'armée pourraient se poursuivre, comme en atteste l'épisode Samaha[36], tandis que les trafics d'armes pourraient se multiplier. Ces risques nécessiteront donc un contrôle effectif de la frontière et une coopération en matière de renseignements.

La situation libanaise, en particulier dans ses aspects sécuritaires, est aussi à même de bouleverser les alliances gouvernementales. L'exécutif pro-syrien nommé en juillet 2011 est en effet très exposé car il ne dispose pas d'une légitimité issue des urnes, mais fut simplement constitué à la suite d'un renversement d'alliances consécutif à la pression portée sur le Hezbollah dans le cadre des investigations du Tribunal spécial sur l'assassinat de Rafic Hariri. Dans le contexte actuel, il se peut que le renversement éventuel d'el-Assad conduise le leader druze, Walid Joumblatt, à se désolidariser du camp pro-syrien du 8 mars. De son côté, le Hezbollah, qui a décidé de ne pas périr avec le régime syrien, se verrait considérablement affaibli sur le plan politique. Beaucoup de précautions et de retenue seront alors de mise, tant des autorités que de la population, qui s'exposent à un basculement de la majorité gouvernementale.

En effet, à l'instar de ce qu'ils seraient susceptibles de faire en Syrie, mais aussi en Irak, un quadrillage par les services américains du nord du Liban semble probable. Ceux-ci auraient déjà commencé à identifier des éléments djihadistes en marge d'une surveillance sur le cheminement des armes. Se pose aussi la question de la surveillance des trafics d'armes, et des risques de conflits entre milices chiites et sunnites. Enfin, une coopération politique et financière, conduite avec la France et les pays du Golfe, est à prévoir pour maintenir la stabilité politique et sociale, redresser l'économie du pays, et coopérer à la transition syrienne.

[36] L'ancien ministre syrien Michel Samaha, arrêté le 9 août 2012 au Liban, est accusé, ainsi que de hauts responsables sécuritaires syriens, d'avoir préparé des attentats au Liban dans le but de créer des dissensions confessionnelles.

### *L'Irak, la future carte de l'Iran dans la région ?*

L'Irak a longtemps été un ennemi de l'Iran, que le régime de Saddam Hussein a affronté dans une guerre dévastatrice de 1980 à 1988, et par extension de son allié syrien. La Syrie avait d'ailleurs rejoint en 1990 la coalition internationale à l'occasion de la Guerre du Golfe, ce ralliement devant sans doute autant à la détestation de Sadam Hussein par Damas qu'à la volonté d'avoir les mains libres au Liban. Plus près de nous, les tensions et la rupture des relations diplomatiques liées aux infiltrations terroristes depuis la Syrie vers l'Irak illustrent les inimitiés entre les deux pays. Ainsi l'Irak avait demandé en 2009 à l'ONU d'établir un tribunal international pour punir la Syrie qu'il accusait d'avoir organisé des attentats contre des ministères à Bagdad.

La question de l'infiltration terroriste s'est d'ailleurs récemment inversée avec des djihadistes qui rentrent en Syrie par l'Irak. Les deux pays partagent aussi des flux migratoires importants, la Syrie ayant joué depuis 2003 avec la Jordanie "le rôle de bases arrières ou de « frontières » sécurisées de l'Irak pour les entrepreneurs, pour les élites politiques et professionnelles et pour d'autres catégories privilégiées de la population irakienne qui ont accès à la mobilité transfrontalière"[37]. Les frontières qui avaient été ouvertes par la Syrie dès l'invasion américaine l'ont été tardivement (juillet 2012) par l'Irak pour accueillir les réfugiés du conflit syrien.

Il semble toutefois que là encore les lignes bougent et que l'inimitié historique entre les deux pays se soit résorbée en partie. Le renversement du sunnite Saddam Hussein et l'arrivée au pouvoir du chiite Nouri al Maliki au poste de Premier ministre en 2006 avaient lancé le rapprochement avec l'Iran. Mais depuis l'éclatement de la crise syrienne, l'Irak a été

[37] Géraldine Chatelard et Mohamed Kamel Doraî, "Les Irakiens en Syrie et en Jordanie : régimes d'entrée et de séjour et effets sur les configurations migratoires", CERISCOPE 2011, consulté le 16/09/2012, URL : http://ceriscope.sciences-po.fr/node/18

également accusé à plusieurs reprises d'aider directement ou indirectement le régime de Damas. Ainsi des avions iraniens transportant des armes survoleraient le territoire irakien pour livrer la Syrie et la banque centrale irakienne contribuerait au financement d'un régime étranglé économiquement.

Ce rapprochement de plus en plus affirmé trouve sa source dans les inquiétudes de l'Irak de voir émerger un nouveau régime sunnite à sa frontière. Comme le confiait le ministre des affaires étrangères irakien Hoshyar Zebari à un quotidien francais, "nous nous sentons parfois encerclés"[38]. Ces craintes irakiennes pourraient ouvrir la voie à un retour à la période autoritaire d'al Maliki. Le paradoxe serait en apparence grand que ce pays "libéré" puis occupé par les Etats-Unis devienne le principal allié de l'Iran, ennemi désigné des Etats-Unis, dans un Moyen-Orient recomposé par les printemps arabes.

## Fatah et Hamas, vers de nouvelles alliances ?

Là encore, un bref rappel historique nous semble nécessaire afin de bien appréhender les relations qui unissent la Syrie aux organisations palestiniennes. Et le premier élément de ce rappel réside dans le fait que ce sont les grands pays tels que l'Egypte et la Syrie qui avaient pris en charge la question palestinienne après la création de l'Etat d'Israel en mai 1948. A titre d'illustration l'Organisation de Libération de la Palestine (OLP) avait été créée en 1964 sous les auspices de Nasser et avait d'abord été pensée comme un mouvement nationaliste arabe et non proprement palestinien. Toutefois la lourde défaite des armées arabes en 1967 au moment de la Guerre des Six Jours a entraîné un basculement du nationalisme arabe vers un nationalisme palestinien. La nature de l'affrontement entre Israël et ses ennemis arabes a également changé, les guerres inter-étatiques étant remplacées par des conflits de "basse intensité" dont les mouvements palestiniens puis le Hezbollah allaient devenir des acteurs essentiels. La prise de contrôle de

[38] Interview au Figaro le 13 juillet 2012

Yasser Arafat sur l'OLP est révélatrice de ces changements et de l'émergence d'un nationalisme proprement palestinien. Reste que la résistance palestinienne n'a pas cessé pour autant d'être un enjeu arabe.

Ainsi la Syrie des Assad a cherché par différents moyens à contrôler la carte palestinienne. Et son intervention dans la guerre civile libanaise doit se mesurer à l'aune de la donnée palestinienne. La Syrie avait déjà auparavant soutenu la création de mouvements dissidents de l'OLP tels que le Front Populaire de Libération de la Palestine – Commandement Général (FPLP-CG) ou As Saiqa pour contrer le Fatah de Yasser Arafat, formation dominante de l'OLP. L'émergence du Hamas sert également les intérêts géopolitiques de la Syrie qui va financer le mouvement et héberger à Damas son bureau politique et son dirigeant Khaled Mechaal. A ce titre, le Hamas, mouvement sunnite, constituait jusqu'à récemment une exception dans son alliance avec le "croissant chiite" Iran-Syrie-Hezbollah.

Toutefois depuis le début de l'année 2012 la donne semble devoir fortement évoluer. En effet le Hamas a fermé son bureau politique à Damas et s'est réinstallé en Egypte et au Qatar. De plus Ismael Haniyeh, l'un des principaux dirigeants du Hamas, a fait état dans son discours de février 2012 au Caire de son soutien aux insurgés syriens. Le fait que les personnes présentes aient scandé des slogans hostiles à l'Iran et au Hezbollah, alliés traditionnels du Hamas, en dit long sur les questionnements à l'oeuvre au sein du mouvement.

Il semble en effet de plus en plus difficile pour un mouvement sunnite de soutenir des régimes ou des groupes chiites qui massacrent des sunnites. Dans le cas où le Hamas trouverait par exemple dans le Qatar une source de financement alternative à l'Iran nous pourrions assister à un renforcement, une clarification, de l'opposition sunnites/chiites sur l'échiquier moyen-oriental. Reste ouverte la question de l'évolution du Hamas sous un éventuel financement qatari.

## ●●● QUE FAIRE FACE AU POURRISSEMENT CONTINU DE LA SITUATION ?

### La communauté internationale ne peut miser que sur les défections de dignitaires et anticiper la chute du régime

Bachar el-Assad et son entourage sont très probablement conscients depuis le début de l'insurrection que les particularités du contexte régional empêchent la mise en œuvre de mesures immédiatement contraignantes à leur encontre. Dès lors, les alliances intéressées que noue le régime avec l'Iran et la Russie, qui continuent de procurer armes, carburants, et financements nécessaires à la poursuite de la répression, alimentent logiquement un scénario de pourrissement de la situation[39]. La tragique évolution des évènements permet de mieux comprendre pourquoi la communauté internationale, Etats-Unis et Russie en tête, demeure dans sa logique, tout en ayant encore quelques marges de manœuvre limitées.

[39] Ce scénario permis par les caractéristiques du régime et sa protection tacite par le biais d'alliances, avait été émis par les auteurs dès le printemps 2011. Voir à ce sujet Marty (2011).

## Un pourrissement de la situation toujours à l'œuvre

Alors que la répression fait toujours rage, et que le régime se sait protégé d'une intervention étrangère, les évènements de l'été confirment que la chute de Damas passera par des défections ou l'élimination de dignitaires politiques et sécuritaires. L'attentat du 18 juillet 2012 est un des tournants marquants qui le confirme. Pour la première fois, le régime était atteint au cœur, vraisemblablement à la suite d'une infiltration au sein même de la garde rapprochée de la haute hiérarchie sécuritaire. Le beau frère d'Assad et vice-Ministre de la Défense, Assef Chawkat, le Ministre de la Défense, Daoud Rajha, le Ministre de l'Intérieur, Mohamed Ibrahim al Chaar, et le chef de la cellule de crise, le Général Turkmeni, y ont trouvé la mort[40].

Cet attentat majeur a atteint le noyau dur du régime et contribue à réduire petit à petit le nombre de ses soutiens. La défection du Premier ministre, Ryad Hijab, fin juillet, a été un nouveau coup dur, de même que celle du secrétaire national du Parti Baas, Abdallah Al Ahmar[41]. D'autres proches d'Assad auraient également fait défection, tels Bousseina Chaabane, l'inamovible conseillère politique et médiatique de Bachar el-Assad et Yarub al-Chareh, un responsable de la sécurité politique. D'autres responsables diplomatiques s'apprêteraient à quitter leur poste, et l'on soupçonne que le vice-Président Fareq al-Charouk est assigné à résidence. Enfin, un nombre de transfuges en Syrie cohabite avec des fonctionnaires en poste, soucieux d'assurer un minimum de continuité de l'Etat après la chute du régime.

[40] L'attentat, qui fut revendiqué par l'Armée syrienne libre et un mouvement islamiste a probablement été le fait d'un mouvement isolé d'un garde du corps en lien avec l'ASL.

[41] Cette défection augure d'une dislocation des deux branches du parti Baas, la branche régionale, c'est-à-dire syrienne, et la branche nationale, c'est-à-dire pan-arabe.

Qui reste-t-il aujourd'hui autour de Bachar el-Assad ? Son frère, Maher, aurait été amputé des deux jambes ou tué lors de l'attentat de juillet. Mais un noyau dur du régime demeure en place : Ali Mamlouk, chef de la Sécurité nationale, Hafez Makhlouf, chef des renseignements généraux, Jamil Hassan, chef du renseignement de l'armée de l'air, et le chef du renseignement militaire, poursuivent encore la répression en mobilisant de plus en plus de troupes alaouites. De plus, il est établi que des pasdarans iraniens, issus notamment de la brigade d'élite al-Qods (« Jérusalem »), fer de lance de l'action extérieure iranienne préalablement active au Liban et en Irak, ainsi que des combattants chiites libanais, peut-être liés au Hezbollah, sont en soutien des forces militaires et constituent une garde rapprochée du régime. Malgré certains enlèvements récents[42], ces forces pourraient être grossies voire constituées en une milice chiite handicapant la chute du régime et la transition. C'est donc de la stabilité d'un noyau dur répressif, qui peut être renouvelé et renforcé, et de la cohésion avec la base alaouite, que dépendra beaucoup le maintien du régime.

Sur le plan militaire, le rapport de force s'est déplacé début août dans la ville d'Alep, où les insurgés parviennent à résister voire à prendre des armes ou des tanks à l'armée régulière, accroissant ainsi ses forces. Mais ces affrontements de rue peuvent durer très longtemps avant de progresser vers Damas ou les replis de la côte alaouite. Cette dernière, jusqu'ici peu touchée, est une région où le régime pourrait se retrancher en ultime recours. Dans cette hypothèse, le conflit pourrait, dans une certaine mesure, se transformer en guerre sunnite-alaouite. Cette hypothèse fait écho aux heurts évoqués au Liban, qui font courir un risque de forte déstabilisation du pays et donnent du crédit à la thèse d'une « libanisation » de la Syrie.

[42][42] Le 4 août 2012, à Damas, 48 ressortissants iraniens ont été enlevés, parmi lesquels des pasdarans. Puis, lundi 13 aout, c'est le libanais Hassan Al-Moqdad qui a été enlevé.

### *Le pourrissement intérieur fait tâche d'huile au Liban*

Comme nous l'avons vu, deux quartiers de Tripoli, l'un sunnite de Bab el-Tebanneh, l'autre alaouite de Jabal Mohsen se livrent à des combats depuis plusieurs mois, mais plus nombreux aux mois de juillet-août. Plus au nord, dans la province du Akkar, des groupes islamistes de tendance salafiste prennent davantage de pouvoir, allant combattre quotidiennement en Syrie en étant pour les uns soutenus par l'Arabie saoudite et le Qatar et pour les autres liés à des groupes terroristes, parmi lesquels Al-Qaeda. De même, les risques de fortification d'un réseau terroriste reliant l'Irak au nord du Liban, via la Syrie, est à craindre. Ces évènements se sont doublés de multiples enlèvements de Syriens pro-Assad ainsi que de sunnites libanais lui étant opposés, ravivant rapidement le spectre de la guerre civile et décuplant les risques d'embrasement au Liban.

L'arrestation, le 9 août 2012, de l'homme fort des Syriens au Liban, membre du camp du 8 mars, Michel Samaha, a participé de cette fébrilité grandissante. Accusé de vouloir transférer sur ordre de Ali Mamlouk, chef suprême des services de sécurité syriens au Liban, des explosifs dans le nord du pays afin d'entraîner peurs et conflits entre communautés, ce personnage indique que le régime syrien est prêt à déclencher des actions terroristes au Liban. Des investigations libanaises contre le général Ali Mamlouk, chef des renseignements, et le lancement, autour du 20 août, de mandats d'arrêt syriens contre plusieurs personnalités politiques libanaises de l'opposition lui font écho.

Parallèlement, les évènements syriens, sèment le trouble au sein du Hezbollah, dont des membres ont affiché une certaine neutralité[43] quand d'autres se montrent encore plus pro-syriens et à même d'être instrumentalisés par l'Iran. Hassan Nasrallah, chef de la milice libanaise ayant pris le parti du régime, tente pour l'instant de satisfaire les deux camps, nationaliste et pro-iranien, tout en s'inquiétant d'une présence de groupes sala-

[43] Le Ministre Fneich et le député al-Fayad.

fistes sunnites au nord, qui discrédite son mouvement tant du point de vue militaire qu'idéologique.

Les tensions libanaises apparaissent ainsi comme le versant extérieur le plus visible du scénario de pourrissement de la crise syrienne. Il apporte aussi, dans une certaine mesure, du crédit au régime de Damas, pour qui les troubles proviennent depuis le début de l'extérieur, et légitime aussi, parmi bien d'autres facteurs, l'attentisme militaire des pays occidentaux. Mais la stabilité du Liban de la période post-Assad sera déterminante pour contenir les risques pour la sécurité régionale, notamment entre Israël et l'Iran. Ainsi, l'implication actuelle des Etats-Unis, qui ont renforcé récemment la présence d'agents de la CIA afin d'éviter que les armes ne tombent en de mauvaises mains, mais qui demain auront également une responsabilité pour tenter de désarmer les groupes salafistes, et assurer la stabilité politique, est importante.

### *Retours sur la logique russe*

Outre la défense de ses intérêts militaires et économiques, la Russie semble avoir affirmé au cours de la crise syrienne trois volontés.

En premier lieu, faire payer le précédent libyen, où le pays a eu le sentiment d'être trompé en raison de l'interprétation jugée trop vaste d'une résolution floue, et mettre ainsi un garde-fou à des interprétations trop larges du principe de responsabilité de protéger. La Russie souhaite ainsi faire valoir un principe onusien plus classique du respect de la souveraineté des Etats, auquel elle est d'autant plus attachée que les pays occidentaux critiquent régulièrement sa conception de la démocratie. C'est aussi par ce prisme souverain qu'il faut comprendre la continuité des financements, du commerce d'armes et de carburant, ainsi que la volonté russe de donner des gages aux musulmans de son territoire, notamment dans le Caucase. Enfin, la défense d'une ligne de non ingérence indépendante est une façon pour elle de s'affirmer aux côtés des autres grands émergents, dont les positions sont souvent revendicatives et qui peuvent chacun avoir un comportement similaire sur d'autres dossiers internationaux.

La Russie semble, en deuxième lieu, exprimer un besoin de reconnaissance en tant qu'acteur international influent et responsable. Ce sentiment découle de l'humiliation ressentie depuis la fin de la guerre froide et d'événements perçus comme autant de provocations de l'Occident : élargissements de l'OTAN, défense anti-missile, soutien à la Révolution ukrainienne, Kosovo, Géorgie, Tchétchénie, parmi d'autres contentieux. Malgré la politique de « reset » américaine témoignant d'une prise de distance avec les maladresses passées, la Russie de Poutine revendique un rôle de grande puissance, *a fortiori* dans une région où les théâtres de guerre froide peuvent être reconstitués.

C'est à cette aune qu'il faut lire les très hypothétiques appels de médiation, lancés depuis le début de la crise, souvent en contournement de la diplomatie syrienne et mis en scène à Moscou. Par ces actions, la Russie entend apparaître comme la clé du règlement du conflit. Cette position, pourtant difficilement tenable en raison de son caractère notoirement contre-productif, est poursuivie par la multiplication de manœuvres dilatoires visant à donner l'illusion qu'un règlement diplomatique ou syro-syrien est possible.

Mais cette tactique est aussi tournée vers la défense de la pérennité des intérêts russes en Syrie et au Moyen-Orient. En dépit d'une position manifestement partisane, et d'une absence de poids réel sur ce dossier, la Russie entend sûrement faire valoir son rôle dans le règlement du conflit israélo-palestinien, auquel elle contribue dans le cadre du « Quartet »[44]. Mais c'est surtout sur la question du nucléaire iranien qui dépend plus étroitement de ses médiations, que la Russie souhaite défendre

[44] Le regroupement de quatre parties ONU-Etats-Unis-Union européenne-Russie a été organisé en 2002 afin d'aider à la résolution du conflit.

son rang. La question géorgienne, enfin, n'a pas laissé de bons souvenirs en raison de l'entremise occidentale et onusienne qui gêne Moscou, bien que cette dernière fut réconfortée par la victoire du clan Ivanishvili aux législatives d'octobre 2012. Enfin, la Russie est préoccupée par la situation afghane, qui alimente un trafic de drogue sur son territoire et nourrit le risque islamiste en Asie centrale. Sans doute tente-t-elle aussi, sur ce dossier, de monnayer son implication ultérieure pour la stabilité du pays.

### *Quel bilan pour la "communauté internationale" ?*

Les difficultés politiques et militaires rendant quasiment impossible une intervention armée en Syrie ont empêché la communauté internationale de s'entendre sur une politique plus coercitive à l'encontre du régime syrien. Mais on peut également affirmer que les pays occidentaux, comme les Russes et les Chinois, ont respectivement alimenté leurs propres logiques. Les premiers sachant très tôt qu'une intervention armée n'était pas possible, mais que l'expression de leur indignation était nécessaire vis-à-vis de leurs opinions publiques, devaient avoir des occasions politiques régulières d'exprimer leur opposition au régime. Les Russes souhaitaient de leur côté affirmer une position médiane les valorisant et servant leurs intérêts, sous l'œil complice des Chinois. En raison du caractère manifestement contre-productif de sa position, ce dernier groupe avait besoin plus que le premier de jouer la montre, ce qui permettait aussi aux Occidentaux de justifier leur ligne de non ingérence.

Les deux pays en première ligne sont sans doute les Etats-Unis et la Russie. Les uns affichent leur poids politique déterminant dans la région, et conditionnent une hypothétique intervention armée requérant dans tous les cas de figure leur participation ou leur aval dans les cadres onusien ou otanien. L'autre a une attitude de blocage systématique. Pire, les oppositions observées rejouent aussi un scénario de guerre froide ramené au goût du jour par les repères historiques et géographiques et l'importance stratégique du cas syrien, ainsi que par la logique revancharde russe. Cette configuration est aussi accentuée, comme le rappelait Gilles Kepel[45], par le « caractère figé » des conflits moyen-orientaux, et fut pleinement illustrée tout au long de la mission de Kofi Annan et, plus particulièrement, de la conférence de Genève de la fin du mois de juin 2012. La Russie a alors affiché ouvertement que c'était elle qui était maîtresse de ce dossier.

En effet, c'est à la suite d'une série de prises de positions pour le moins peu productives, et de la poursuite de certains contrats d'armement, que la Russie a pu, lors de cette réunion des membres du Conseil de sécurité, non seulement se confronter aux Etats-Unis, mais également imposer ses vues aux pays occidentaux[46]. En appelant à la constitution d'un gouvernement de transition composé de personnes issues du régime baasiste et d'opposants choisis « par consentement mutuel », et sans pour autant demander, à cette occasion, le départ de Bachar el-Assad, Américains et Européens ont *de facto* cédé aux vues russes, qui ont consisté à renvoyer dos à dos le régime et les insurgés tout au long de la crise ! De plus, ni un appel au vote d'une résolution contraignante dans le cadre du Chapitre VII de l'ONU, ni une saisine de la Cour pénale internationale n'avaient, alors, été prévus, rendant à nouveau illusoire la mise en œuvre effective de la responsabilité de protéger.

Ainsi, le face à face américano-russe, qui a marginalisé les autres acteurs, dont la France[47], joue-t-il en faveur de la Russie, dont les lignes ne varieront sans doute pas et qui pourra sans doute faire valoir le scénario « yéménite »[48] dans l'après-Assad.

---

[45] France Culture (19 juillet 2012).
[46] Voir aussi Le Monde (2012a).
[47] La France, soutenant une résolution appelant au départ de Bachar el-Assad, n'a pu éviter, malgré ses menaces, de se rendre à la conférence de Genève. Être éventuellement le seul pays du Conseil de sécurité à ne pas y aller a sans doute pesé dans cette décision.
[48] Scénario faisant référence à une transition impliquant des dignitaires de l'ancien régime après la chute du pouvoir.

La logique de non ingérence, ainsi que les intérêts propres du pays dans la Syrie de l'après-Assad peuvent être défendus au prix, ou au mépris, du sang syrien. Mais, comme nous l'écrivions plus haut, les Etats-Unis peuvent également tirer profit des conséquences de cette opposition avec la Russie. L'administration Obama a en effet initié une politique dite du « reset » avec la Fédération de Russie, dont elle espère tirer parti sur les dossiers de la défense anti-missile, des négociations nucléaires avec l'Iran, et de la stabilité de l'Afghanistan, nécessitant tous une coopération russe.

C'est dans ce contexte qu'il faut resituer l'échec prévisible de la mission conduite par M. Kofi Annan. Tributaire des intérêts divergents de la communauté internationale, et bien sûr d'une coopération inenvisageable par le régime syrien, celle-ci était sans doute, comme l'a considéré S. Kawakibi, « mort-née »[49]. Elle a donc logiquement pris fin le 6 août, quelques jours avant la mission d'observation onusienne, épisodes qui eux-mêmes faisaient suite aux initiatives tardives des pays arabes. Il y a fort à parier que la mission confiée à Lakhdar Brahimi subira le même sort, quand bien même elle peut contribuer à faire avancer les dossiers de la transition en renforçant les liens avec l'opposition et la connaissance des enjeux de la reconstruction politique, institutionnelle, économique et civile.

Ainsi, bien que cela révèle leur impuissance, et soit moralement condamnable, les Etats-Unis et les pays européens n'ont eu guère d'autre choix, ou de moyens, pour défendre une ligne plus coercitive, même si leur action est importante pour contenir les risques et préparer la transition. Eviter les effets collatéraux d'une intervention militaire et des risques de conflits voisins tout en pariant sur une chute du régime induite par la poursuite de défections est donc l'attitude non seulement la moins risquée mais aussi la seule possible. Car il faut aussi remarquer que les appels à l'instauration de zones de protection terrestre, ainsi qu'une couverture aérienne, évoqués

[49] Voir Kawakibi (2012 e).

notamment par Bernard Henri Lévy, seraient porteurs d'une implication militaire plus lourde et difficilement faisable. A cet égard, le précédent libyen et la responsabilité de protéger ne nous paraissent pas constituer de repères pertinents.

### *L'invocation de la responsabilité de protéger*

Comme l'a rappelé Jean-Baptiste Jeangène-Vilmer en réponse à l'emblématique philosophe français[50], la responsabilité de protéger n'est "pas la version moderne de l'antique théorie de la guerre juste " et a été précisément conçue, en 2005, pour amadouer les logiques interventionnistes ayant été préalablement avancées : l'intervention humanitaire anglo-saxonne ou le droit d'ingérence « à la française ». C'est un principe moral et politique plus qu'un cadre d'intervention et il faut rappeler que l'action internationale qui peut être engagée au titre de son troisième pilier[51] ne peut être décidée qu'avec l'aval du Conseil de sécurité sur le fondement du Chapitre VII, ce qui nous ramène au blocage russo-chinois[52]. Le cas syrien est donc une différence importante avec le précédent libyen, car les membres du Conseil avaient pu, alors, voter une résolution à l'unanimité, en impliquant les organisations régionales compétentes en pleine conformité avec l'esprit du texte. L'autre différence importante est bien entendu la nature du terrain associée aux risques de conflits régionaux.

[50] Voir la contribution de M. Jeangène Vilmer au journal Le Monde du 16 août 2012.

[51] La responsabilité de protéger comprend trois piliers inégalement porteurs de normativité : le premier fait incomber à chaque Etat de protéger sa population de génocide, de crimes de guerres, de nettoyage ethnique, et de crimes contre l'humanité ; le deuxième enjoint la communauté internationale à encourager et aider les Etats à s'acquitter de cette responsabilité et d'aider l'ONU à mettre en place un dispositif d'alerte et autres moyens pacifiques appropriés ; le troisième invite la communauté à mener, si les deux piliers sont « validés », et en temps voulu, des actions potentiellement armées par l'entremise du CS-ONU, conformément à la Charte des Nations Unies (et notamment son Chapitre VII) au cas par cas et en coopération avec les organisations régionales compétentes lorsque les autorités n'assurent manifestement pas la protection des populations.

[52] Voir à ce sujet les deux contributions de MM. Thouvenin et de Rivière à la Revue « Mondes » du Ministère des Affaires étrangères français.

L'idée de mener une intervention « juste » mais néanmoins illégitime, c'est-à-dire en dehors du cadre onusien, ne paraît en effet guère envisageable non plus en raison des moyens qu'elle impliquerait, des difficultés semblables de mise en œuvre sur le terrain, et toujours de ses conséquences dans la région. Un scénario de protection de l'espace aérien dans le cadre de l'OTAN devrait en effet réunir une large coalition, c'est-à-dire incluant les Etats-Unis et des pays européens. De plus, celle-ci impliquerait vraisemblablement le déploiement de troupes au sol afin d'aider les interventions aériennes.

Or l'armée de l'air syrienne est encore importante et sans doute plus facilement mobilisable que l'armée de terre, de même que les défenses anti-aériennes, comme en atteste l'épisode de l'avion de reconnaissance turc abattu en juin 2012. L'armée syrienne dispose en effet d'environ 130 batteries sol-air, dont la destruction nécessiterait environ 200 ou 300 missiles et de très nombreuses sorties et patrouilles aériennes à partir d'un nombre de bases – trois ou quatre – insuffisant et bien plus réduit que dans le cas libyen[53].

Les frappes devraient donc être d'une bien plus grande envergure et impliquer des troupes au sol. Elles nécessiteraient une coordination entre l'armée de l'air, impliquant des ravitaillements en vol, et la marine livrant des frappes depuis la mer. Ainsi l'éventuel scénario militaire est-il plus comparable aux phases initiales de la guerre du Golfe que de la Libye et nécessiterait, outre un mandat international, un engagement très significatif des Etats-Unis que ceux-ci ne semblent pas disposés à prendre.

### *Limites et marge de manoeuvre des sanctions*

Les sanctions mises en place progressivement par les pays occidentaux et arabes à l'encontre de la Syrie (sanctions

[53] Une intervention internationale se ferait essentiellement à partir de Chypre, de la Turquie, de la Grèce quand celle de Libye bénéficiait de huit bases. Les bases européennes sont trop lointaines.

économiques, sanctions personnelles) portent sûrement leurs effets sur l'économie du pays et certaines personnalités, alimentant ainsi les défections par lesquelles le régime tombera. Toutefois, celles-ci ne peuvent, depuis le début, atteindre tous les moyens financiers et militaires du régime. Les difficultés qu'a le Liban à acter les sanctions financières, la poursuite de commerces et de trafics, ainsi que de la coopération militaire, entre la Syrie et l'Iran et la Russie, sont très importantes. En raison des caractéristiques du régime et de la très grande difficulté d'une intervention militaire, il paraissait clair dès l'origine que si les forces militaires et de sécurité avaient suffisamment de carburant, d'armes et d'argent, et pouvaient être renouvelées et motivées, elles pouvaient continuer impunément leurs massacres.

Il est fort probable que l'Iran aille jusqu'au bout dans son soutien au régime de Damas, et continue de poursuivre ses livraisons d'armes, de carburant, et de gardiens de la révolution, dont certains seraient directement au service de Bachar el-Assad. De même, bien que la Russie se soit engagée à ne plus conclure de nouveaux contrats d'armement, les contrats déjà conclus, dont on ignore l'importance, devraient être menés à bien car la Russie y engage également sa réputation[54]. Il en va de même pour la fourniture de carburant et de moyens financiers, encore annoncés au cours de l'été et qui sonnent comme autant de défis aux pays occidentaux. De même, le gouvernement libanais ne modifiera que très difficilement son attitude légitimement attentiste, et ne pourra-t-il contrôler tous les trafics d'armes.

Certaines voix s'élèvent en revanche pour la mise en œuvre de sanctions civiles et financières plus importantes dans le but notamment de briser le lien entre la communauté alaouite et le

54 Les Russes avaient en effet déjà du renoncer en 2010 à la livraison de missiles sol-air à l'Iran et avaient fait l'objet de poursuite devant la Cour internationale d'arbitrage. Ils ne souhaitent plus que ce scénario se reproduise.

régime[55]. Élargir l'assiette des sanctions personnelles à l'encontre de militaires et d'hommes d'affaires paraît une priorité afin de convaincre que le soutien est sans issue et susciter des défections plus importantes. Il faudra toutefois convaincre les personnes concernées qu'une alternative est possible, ce qui passe soit par les préparations de fuites à l'étranger, soit par des assurances données pour la période de transition. Tenter de mieux atteindre les entreprises russes, chinoises et iraniennes se livrant aux approvisionnements en est une autre mais très difficile. Essayer de viser plus activement des sociétés-écrans syriennes ou comptes personnels dans des paradis fiscaux ou places financières accommodantes l'est tout autant, mais doit être poursuivi.

### *La communauté internationale doit miser essentiellement sur les défections*

Que peut donc encore faire la communauté internationale à l'heure où nous écrivons ces lignes ? D'abord s'abstenir de formuler des déclarations dont le manque de crédibilité peut créér de l'incompréhension chez les insurgés ou l'opposition syriens. Poursuivre, amplifier, coordonner l'acheminement de l'aide humanitaire en Turquie, en Jordanie, en Irak et au Liban, ensuite. Accentuer certaines sanctions quand celles-ci peuvent concourir aux défections de responsables ou partisans du régime. Poursuivre, des efforts concertés de livraison de moyens militaires, létaux ou non selon les pays[56], en vue de renforcer l'ASL. Œuvrer, enfin, quand cela est possible, à l'arraisonnement de convois d'armes tels ceux opérés à l'encontre de navires russes et au Liban. A défaut d'intervention de troupes onusiennes, otaniennes, ou

[55] Tel est l'avis de M. Joseph Bahout (CERI), énoncé à une conférence de la Fondation pour la Recherche stratégique le 25 septembre 2012 pour qui le découplage de la communauté alaouite par rapport au clan est essentiel.

[56] D'après des informations de services de renseignement, seuls l'Arabie saoudite, le Qatar et la Turquie fourniraient des armes létales aux insurgés syriens. Les Etats-Unis, la Grande Bretagne, et la France auraient choisi de livrer des moyens non létaux (outils de communication cryptés, radars, etc.).

nationales, se tenir prêt à déployer des forces aux frontières turque, libanaise ou jordanienne, ou en Syrie même. Oeuvrer, enfin, à la saisine de la Cour pénale internationale pour rendre justice lorsque cela sera possible. Se préparer à travailler avec l'Armée syrienne libre et penser à l'assistance qui pourrait être demandée dans la transition politique : justice transitionnelle, sécurité, continuité administrative.

Toutefois, la communauté internationale doit aussi prévoir des cas d'urgence au cours du conflit, comme sur la question des armes chimiques, dont l'arsenal est manifestement important et peut faire l'objet de dissémination. A cet égard, certains analystes évoquent le fait qu'une intervention militaire et/ou une sécurisation du périmètre requerrait des dizaines de milliers d'hommes dans le cas d'une intervention étrangère, mais aussi et surtout une coopération de l'Armée syrienne libre, qui pourrait avoir d'autres préoccupations.

Les Etats-Unis ont un rôle plus important à jouer que toutes les puissances occidentales pour soutenir la rébellion et contenir les dommages collatéraux dans les pays voisins. Nous l'avons vu, un contingent, en augmentation, d'agents de la CIA se serait établi au Liban pour surveiller les agissements des insurgés franchissant la frontière. De la même façon, un suivi sur le terrain des discordances au sein du Hezbollah sera très important pour contenir l'influence iranienne, de même qu'un dialogue – difficile – avec les autorités de l'Etat hébreu peut empêcher un embrasement au sud du pays. Plus loin, c'est une coopération forte avec la Turquie dans l'acheminement de l'aide humanitaire, et vraisemblablement avec l'Arabie saoudite et le Qatar dans la transition qui sera nécessaire pour venir en aide aux Syriens et assurer la paix civile dans le pays.

La communauté internationale doit également poursuivre son assistance à l'opposition syrienne. Il est en effet nécessaire d'appréhender la transition politique en favorisant lorsque cela est demandé, mais activement, la réunion et le dialogue des organisations politiques. Tous les courants ne sont en effet pas, à ce jour, représentés, des conflits existent, et certaines individualités n'apportent pas de contributions productives. De même, l'élaboration d'un projet politique et d'une stratégie de gouvernement transitoire doit être favorisée. Il conviendra donc d'apporter le concours politique et logistique que les organisations pourraient demander à ces fins, ainsi qu'un soutien éventuel à la reconstruction institutionnelle et économique du pays. Enfin, veiller à ce que certaines communautés religieuses ou ethniques n'aient un pouvoir trop important ou, au contraire, soient marginalisées, doit faire partie des axes diplomatiques de pays amis du peuple syrien une fois la transition engagée.

Quels seront toutefois les pays susceptibles d'accompagner la Syrie au plus près dans ces premières étapes ? A l'observation de l'aide concrète qui a été apportée, et comme le rappellent des observateurs avisés[57], la Turquie, le Qatar, et l'Arabie saoudite pourraient être en meilleure place par rapport aux Etats-Unis, dont le soutien a été ambigu mais demeure important, ou à l'Europe, qui a malheureusement été impuissante à déployer une politique étrangère commune quand bien même certains de ses Etats membres ont pu contribuer à soutenir des réfugiés ou l'opposition politique. Il sera néanmoins impératif, en raison du vide et de la forte reconfiguration des forces et des influences au Moyen-Orient, qu'Etats occidentaux et de la région maintiennent un dialogue aussi étroit que possible tant au niveau politique que militaire. Ce sont leurs possibilités d'action sur le moyen terme que nous proposons maintenant d'esquisser.

## Une stratégie à moyen terme pour les puissances intéressées à la région

La Turquie est amenée à jouer dans la Syrie post-Assad un rôle de premier plan. Mais que sera le contexte dans lequel elle sera susceptible d'agir? Selon plusieurs études, les évènements

[57] Voir à ce sujet Leverrier (2012).

de Syrie invitent nettement le pays à remettre en cause sa politique étrangère. Le temps où la Turquie mettait en avant une politique de « zéro problèmes » avec ses voisins est désormais révolu, et la Turquie est susceptible à la fois de changer le fond de sa politique et éventuellement son discours[58]. Comme l'explique Soler i Lecha, la chute d'autocraties, la montée de risques islamistes et la compétition pour la puissance au Moyen-Orient l'incitent à effectuer ce tournant. Cela est d'autant plus vrai que la Turquie doit s'assurer une place parmi les grands émergents, que l'Europe lui tourne le dos et que la question kurde et les clivages politiques internes sont de nature à déstabiliser son propre système politique.

Ainsi, c'est dans un cadre encore incertain que la Turquie pourrait, à court terme, faire valoir à l'égard de la Syrie son modèle de démocratie conservatrice, correspondant aux attentes d'une partie de la population syrienne[59]. Le pays pourra aussi assister dans le redressement économique et la transition politique, en raison tant des jalons commerciaux et diplomatiques posés ces dix dernières années que de la connaissance de l'opposition. Cette démarche n'en sera pas pour autant moins semée d'embûches dans l'ordre interne. La question kurde, très sensible pour Ankara, devra aussi être traitée avec les nouvelles autorités syriennes qui auront vraisemblablement peu de prise immédiate sur le territoire et ses représentants politiques. De même, les communautés alaouites de Turquie pourraient-elles se raidir.

A l'extérieur, l'environnement régional ne sera pas favorable à des avancées d'ampleur initiées par, ou impliquant, la Turquie et pouvant servir la Syrie. La brouille turque avec Israël semble durable, et est sans doute accentuée par l'alliance contractée entre Chypre et l'Etat hébreu autour de gisements de

[58] Voir à ce sujet Soler i Lecha (CIDOB,2011), qui dresse un parallèle avec la fin de la période soviétique ayant conduit à des changements diplomatiques semblables.
[59] Voir à ce sujet Leverrier (2012).

gaz en Méditerranée. De plus, l'activisme dont a fait preuve le gouvernement turc à l'égard des pays d'Afrique du Nord en transition démocratique a également irrité un certain nombre de pays arabes du Moyen-Orient. Après une phase de rapprochement, puis de froid avec Nouri al-Maliki, la Turquie aura besoin d'un Irak stable afin de contenir les risques au Kurdistan, alors que les partis chiites irakiens craignent la montée de forces sunnites dans leur pays et dans la région[60]. Quant aux relations avec l'Arabie saoudite et le Qatar, elles seront vraisemblablement marquées par une concurrence pour l'aura d'un islam sunnite.

Les relations avec l'Iran seront également susceptibles de changer nettement lorsque ce pays apparaîtra d'autant plus isolé suite à la chute de Damas. En effet, malgré un apparent rapprochement entre les deux pays autour du Traité de non prolifération (TNP)[61], un certain manque de confiance s'est accru en raison du soutien turc à la révolution syrienne, à la défense anti-missile[62], à un certain modèle laïc, à la Palestine[63] et à l'Irak, où la Turquie ne veut pas d'influence iranienne trop forte. Cette tendance risque ainsi d'obérer les opportunités de stabilisation que la Turquie pourrait réaliser en Syrie. Elle est fâcheuse, car le concours turc sur la question du nucléaire iranien pourrait être très précieux, de même que les enjeux énergétiques (construction de gazoducs supplémentaires allant d'Asie centrale à l'Europe, et exploitation de gaz iranien) seraient porteurs d'une normalisation progressive des relations de l'Iran avec ses voisins.

60 A cet égard, il est aussi important de rappeler que le destin régional influera sur le pouvoir irakien, qui pourrait aussi aller vers une régression autoritaire.

61 Le TNP, conclu en 1968, est entré en vigueur en 1970 et fut reconduit pour une durée indéterminée en 1995. L'Iran fut parmi les premiers signataires, mais ne respecta pas tous ses engagements par la suite, surtout à partir des années 2000.

62 La Turquie a accepté en septembre 2011 d'accueillir des missiles de l'OTAN sur son sol.

63 Le Premier ministre Erdogan a nettement défendu le sort des Palestiniens autour de l'opération « Plomb durci » à Gaza, ce qui a conduit à une brouille avec Israël et a exposé la Turquie à de vives critiques de l'Iran.

### *Les États-Unis au cœur de la prévention régionale*

Tenu par les contraintes d'une campagne électorale, qui viennent s'ajouter aux difficultés politiques et militaires d'une intervention, le Président Obama n'a vraisemblablement pas intérêt à modifier sa ligne cantonnée au soutien politique et logistique à l'insurrection armée et l'assistance à l'opposition politique. Ceci implique assez logiquement qu'une intervention ou un aval militaire, nécessaire à tous les types d'intervention envisageables, sont exclus. Toutefois, la montée des risques liés aux transferts d'armes, pourrait déclencher des interventions ponctuelles de forces militaires spéciales ou de services en Syrie ou au Liban. De la même façon, une étroite coopération en matière de renseignement avec l'Armée syrienne libre ou les structures militaires, voire une intervention, pourraient être envisagées pour éviter que les sites d'armement ne soient pillés par des groupes terroristes ou ne fassent l'objet d'un trafic[64]. Cet enjeu souligne à nouveau la nécessité d'assurer une transition politique impliquant des anciens dignitaires religieux du régime et repose la question du risque terroriste dans la région.

Sans vouloir alimenter de craintes exagérées, la décrépitude du régime, et le chaos qui pourrait lui succéder pourraient fournir un terrain propice à une implication d'al-Qaeda et d'autres groupes terroristes. Selon des renseignements américains[65], des celulles jihadistes auraient conduit 66 opérations en Syrie depuis le début de la crise et jusqu'en juin 2012, dont la moitié à Damas. Ayman al-Zawahiri, émir d'al-Qaeda depuis la mort de Ben Laden, a par ailleurs appelé ses membres à affluer en Syrie, espérant y trouver une nouvelle légitimation de leur combat contre « l'ennemi lointain » que le désengagement irakien a remis en cause. Les regroupements à

64 Les quatre sites principaux d'armements chimiques se situent à Homs, Hama, et al-Safirah (près d'Alep), et leur protection nécessiterait, selon les services américains, 75.000 hommes. On ne sait si des armes chimiques sont dispersées dans d'autres petits sites.

65 Ces renseignements émanent de James Clapper, Directeur de la National Intelligence américaine. Voir pour aller plus loin Riedel (2012) et Sofer (2012).

al-Qaeda ne doivent pas pour autant être surestimés, car d'autres renseignements attestent également que d'autres groupes islamistes ou simplement insurgés rejoignent l'organisation car elle a des armes et des moyens financiers. Mais la situation requerra un étroit travail de conviction et de renseignement, essentiellement américain, avec les autorités syriennes nouvelles ainsi qu'avec les Etats voisins.

Au-delà, le maintien éventuel de forces iraniennes impliquera une veille accrue. Le dossier iranien, actuellement en veille en raison de la campagne électorale, réapparaîtra sans doute au grand jour en 2013. Or les autorités de Téhéran savent sans doute que la présence de leurs forces en Syrie leur laissera un élément de négociation accrue risquant d'envenimer les discussions. A cet égard, tenter de reprendre en parallèle certaines discussions entre Israël et l'Autorité palestinienne, tout en dissociant la Syrie du Hezbollah, pourrait être une façon d'accroître la pression sur l'Iran. Cette tâche difficile pourrait être réalisée par une nouvelle administration Obama sans doute plus que par un gouvernement républicain en raison d'une marge de manœuvre traditionnellement accrue en politique étrangère dans un second mandat. Elle resterait toutefois conditionnée à la présence de figures gouvernementales favorables à la paix côté israélien à la suite des élections du printemps 2013 et à une coalition Hamas-Fatah.

Bien que ces deux hypothèses soient pour le moins fragiles, de même qu'une administration démocrate reconduite risquera d'être contrainte par la cohabitation, tout engagement américain n'est pas à exclure. Côté israélien, la fébrilité du gouvernement de Benjamin Netanyahou est palpable sur l'Iran, comme sur les enjeux de Gaza et du Sinaï. Toutefois, le vent de contestation populaire interne qu'il subit ne doit pas être négligé non plus, et pourrait conduire à son affaiblissement à la veille des élections du printemps 2013. Côté palestinien, les dissensions se faisant jour entre le Hamas et le Fatah[66] risquent de s'accentuer et nécessiteraient une entremise américaine, qui passerait peut-être par le biais de l'Égypte. Une implication diplomatique large, incluant la Russie, pourrait être une façon de sauvegarder la paix et d'atténuer les risques terroristes de la région.

### *Les pays du Golfe concernés en première ligne*

Les pays du Golfe sont directement concernés par les évènements de Syrie. Leurs condamnations très tardives des évènements ont d'abord souligné la solidarité peu effective des pays arabes ainsi que la crainte de ceux du Golfe de faire à nouveau face à des mouvements de contestation internes nombreux. Mais la possible chute de la Syrie remet aussi en cause l'équilibre d'ensemble du monde arabe ouvrant des possibilités d'affrontement intra-arabe entre sunnites, d'une part, et chiites, alaouites, et chrétiens de l'autre. Si les uns peuvent être soutenus par le Qatar et l'Arabie saoudite, ces deux puissances risquent de rivaliser sur leurs soutiens aux Frères musulmans et aux salafistes, tout en ne pouvant toujours contrôler d'autres soutiens parallèles apportés par certaines de leurs communautés à ces deux groupes[67]. Quant aux autres, ils risquent de faire l'objet d'un soutien de la part de l'Irak, de l'Iran du Bahreïn et du Liban, soit autant de perturbations pour les deux grands du Golfe.

L'environnement régional risque également de tendre les relations entre l'Iran et l'Arabie saoudite à la suite de la chute de Damas. Rivales pour la promotion d'un modèle islamique et la puissance pétrolière, les deux puissances s'affrontent

[66] Pierre d'achoppement du timide accord de réconciliation, les élections générales sont toujours à ce jour reportées, et les élections municipales prévues à l'automne sont également compromises. Le sommet des non-alignés de Téhéran a été le prétexte d'une nouvelle passe d'armes, tandis que le Hamas est tenté de se radicaliser à nouveau.

[67] Certains groupes du Qatar apporteraient ainsi des armes et de la logistique à des groupes religieux en Syrie. De même, l'Arabie semble fournir une aide à des groupes salafistes au nord Liban.

également sur la question nucléaire iranien, la sécurité du golfe arabo-persique, et du détroit d'Ormuz, et leur influence au Moyen-Orient, notamment en Irak mais sans doute aussi en Syrie. De nombreux contentieux et escalades verbales sont régulièrement observés entre les deux pays malgré un rapprochement de façade lors de la dernière conférence de l'Organisation de la Conférence islamique (OCI), actant la suspension de la Syrie de l'organisation. Les manœuvres de la Ve flotte américaine dans le Golfe, l'installation d'un nouveau radar anti-missiles au Qatar, et des opérations de déminage du détroit risquent d'ajouter de l'huile sur le feu.

Une plus grande fragilisation de l'Iran induite par la perte du relais baasiste en Syrie risque alors d'attiser des tensions nombreuses. Prompte à le comprendre, l'Arabie saoudite a ravivé un hypothétique projet d'union politique des six monarchies réunies dans le Conseil de Coopération du Golfe (CCG) en mai 2012[68], et proposé d'élargir l'organisation à la Jordanie et au Maroc. Ces initiatives font écho au soutien iranien à la révolution chiite au Bahreïn et au Yémen, et aux chiites en Arabie saoudite. En Syrie, une fuite en avant militaire visant à protéger le régime, un soutien à des groupes armés chiites, ou la poursuite d'un approvisionnement d'armes au Hezbollah sont à craindre de la part de l'Iran. Une volonté d'éviter ces actions en soutenant le processus politique, et en particulier les groupes sunnites salafistes, et éventuellement une participation à une force d'interposition arabe ou onusienne sont à prévoir pour l'autre. Enfin, les leviers d'influence économique des deux pays seront vraisemblablement modifiés.

Au delà, l'Iran et l'Arabie saoudite vont vraisemblablement continuer à s'affronter pour l'influence en Irak, où les forces politiques chiites sont prépondérantes mais actuellement fragilisées, et où le départ des forces combattantes américaines

[68] Ce Conseil a vu le jour en 1981, précisément pour faire contrepoids à la nouvelle République islamique.

induit un vide sécuritaire et politique important[69]. De même, en Palestine, le Hamas pourrait-il faire l'objet d'implications concurrentes des deux pays. L'Arabie et l'Iran risquent également de trouver un terrain d'affrontement à propos de l'Égypte, allié de Riyad ayant tout dernièrement repris des relations diplomatiques cessées avec l'Iran depuis Camp David[70]. Au-delà, les enjeux sécuritaires au Sinaï peuvent affecter la sécurité d'Israël et être éventuellement propices à un positionnement iranien.

Entre les deux, l'implication du Qatar dans le dossier syrien pourrait être propice à de nouveaux affrontements avec l'Arabie saoudite, déjà déclenchés en Égypte où les deux pays soutiennent respectivement Frères musulmans et salafistes. En soutenant les rebelles par le biais d'acheminement d'armes et d'autres moyens non létaux, le Qatar est apparu comme un des plus généreux de la région. Ce volontarisme s'est traduit par un entregent diplomatique lorsqu'il a proposé une force d'interposition arabe en Syrie, dans la ligne de tentatives précédentes pour réhabiliter le multilatéralisme arabe que lui conteste Ryad. Mais au-delà, une volonté d'influence véhiculée par la puissance chaîne al-Jazeera, sera sans doute plus manifeste et pourrait trouver un prolongement dans le soutien actuellement masqué aux Frères musulmans de Syrie. De nouvelles rivalités sont donc à craindre, et pourraient faire écho au Liban. De ce point de vue, une implication américaine pour tenter d'apaiser les tensions sera tout aussi importante qu'entre l'Arabie saoudite et l'Iran.

### *Une participation importante, mais réduite, de l'Europe*

L'action de l'Union européenne en appui de la Syrie nouvelle consistera à reprendre les relations politiques, de commerce, et

69 Voir à ce sujet l'article de Myriam Benraad (2012).

70 Les nouvelles autorités égyptiennes ont semblé se rapprocher de l'Iran récemment, en laissant notamment passer ses navires par le canal de Suez, en organisant une conférence sur la transition, et en participant au sommet des non alignés à Téhéran

d'investissement avec le pays freinées depuis 2004 et particulièrement depuis le début de la crise[71]. L'Accord d'Association avait en effet été gelé lors de la crise libanaise, repris en 2008, et doit aujourd'hui être signé par les deux parties, avalisé par le Parlement européen et ratifié par tous les Etats membres de l'UE pour entrer en vigueur. Ce processus, dont l'objet principal est de soutenir le processus de réforme, mais qui demain viendra surtout en appui de la transition, prendra vraisemblablement du temps. Toutefois, des projets d'infrastructure (vie urbaine, santé, éducation) et d'assistance technique (système bancaire, développement des entreprises) pourront être financés ou mis en œuvre par les institutions et leviers financiers européens[72].

Cette activité, qui témoigne du « soft power » et de la connaissance européenne de la Méditerranée, fait d'ailleurs partie du volet « prévention » de la responsabilité de protéger de l'ONU, au même titre que l'aide publique au développement, la promotion des droits de l'homme, ou les activités de soutien à la reconstruction économique et institutionnelle que pourront mettre en œuvre les Etats membres. A ce titre, les initiatives nationales pourront appuyer la dynamique communautaire, voire la dépasser : aide publique au développement, partenariats dans les domaines de l'administration, de la culture, projets d'investissements privés pourront être menés en fonction des expertises de chacun. Parmi les pays en première ligne figureront sans doute la France, qui aura un rôle particulier dans la transition, l'Allemagne, l'Espagne et l'Italie.

Tous devront centrer leur action diplomatique en appui des enjeux de transition syriens si une aide leur est demandée, en faisant particulièrement valoir l'inclusion politique, le respect

[71] Les relations de l'UE avec la Syrie sont en effet régies par l'Accord de coopération signé en 1977, le Partenariat de Barcelone et l'Union pour la Méditerranée, et la Politique européenne de voisinage.
[72] La Banque européenne d'investissement, bras financier de l'UE, a depuis 1978 prêté 1,7 Mds d'Euros, dont 1,3 Mds depuis 2002, à la Syrie.

des droits de la personne et la protection des minorités. La multiplication d'évènements militaires en Syrie et les analyses associées ont en effet fait perdre de vue les enjeux de la transition démocratique. Or ceux-ci doivent être esquissés car la fin d'une dictature est aussi le commencement de difficultés d'envergure. Il faut espérer, à cet égard, que la communauté internationale continue d'exprimer qu'elle a pleinement tiré les leçons du précédent irakien.

# ●●● Les enjeux de la transition syrienne

### La structuration de l'opposition politique et la capacité à travailler avec d'anciens dignitaires sont en première ligne

Trop occultés par l'ombre de l'actualité, les enjeux de la transition syrienne doivent d'ores et déjà être appréhendés. Au premier plan de ceux-ci figurent la structuration et la cohésion de l'opposition politique, ainsi que sa capacité à travailler avec d'anciens dignitaires du régime. La sauvegarde de l'intégrité territoriale est un autre impératif, tant en interne dans le cas du Kurdistan ou éventuellement de la côte alaouite, que d'un point de vue externe, afin de contenir les risques de conflits et de dissémination d'armes. Éviter les tensions communautaires et confessionnelles, enfin, est toujours un risque à appréhender en dépit de la longue tradition de cohabitation des différentes communautés.

## La structuration et le soutien à l'opposition politique

Le principal enjeu pour l'opposition, plus qu'une unité symbolique affichée depuis les premières réunions d'Istanbul de 2011, est de « retrouver des objectifs communs et des plans d'action cohérents »[73]. Cet objectif passe aussi par l'ouverture et l'opérationnalisation du Conseil national syrien (CNS). Des groupes politiques qui ont été réunis, il manque en effet la Coordination nationale, le Courant de la construction de l'Etat et d'autres personnes indépendantes, ainsi que les Kurdes. Il faudra donc toujours plus de coopération entre des groupes au sein d'une instance élargie, en évitant à cet égard les revendications trop partisanes, communautaires voire autonomistes, et en favorisant le consensus sur des responsables de transition. Il faut toutefois noter que si les progrès peuvent paraître insuffisants, « la révolution permet également aux Syriens de mieux se connaître, à l'intérieur comme à l'extérieur »[74] et que la concorde entre opposants passés devra s'opérer.

Le risque que des groupes islamistes soient prépondérants dans l'opposition syrienne est pointé du doigt. Toutefois, la présence des Frères musulmans au sein des instances du CNS ne pouvait être véritablement évitée pour des raisons tant historiques que politiques, et tous ses éléments ne sont pas extrémistes. D'autre part, l'opposition politique syrienne a, selon plusieurs observateurs, tenté de rassurer toutes les communautés bien qu'elle se soit effectivement saisie de la question religieuse tardivement. Enfin, il est probable que les éléments djihadistes combattants aient du mal à se structurer politiquement, voire à faire admettre leurs vues au sein des instances à terme. Et ce d'autant que la population syrienne est parvenue à faire cohabiter des communautés religieuses différentes sur le territoire. Néanmoins, la concurrence de ces forces politiques, et leur instrumentalisation éventuelle par l'Iran, l'Arabie saoudite, et le Qatar, seront à suivre de près.

## Un scénario yéménite ?

Le scénario yéménite faisant référence à une transition impliquant des dignitaires de l'ancien régime après la chute du

[73] Voir Kawakibi (2012).
[74] Voir Kawakibi (2012d).

pouvoir, est souhaitable et, aura, sous une forme ou une autre, lieu. Ce plan secret, qui aurait été proposé aux Etats-Unis par la Russie fin mai 2012 avant d'être officialisé lors de la conférence de Genève concernait initialement la période de guerre. Il ne pouvait donc être crédible à ce moment là. Toutefois, son soutien par certaines personnalités de l'opposition, tel Georges Sabra, porte-parole du CNS, ou Samir Aita, membre du Forum démocratique syrien, ainsi que la force des choses, devraient l'imposer. De fait, les documents du Caire produits par l'opposition prévoient un tel scénario qui sera vraisemblablement pertinent pour le gouvernement mais aussi pour les structures militaires et de renseignement, amenées à jouer un très grand rôle. Dans la sphère administrative et civile, la collaboration d'anciens responsables sera également requise, comme pendant la crise.

## Assurer l'intégrité territoriale

L'intégrité territoriale est un enjeu de sécurité nationale et régionale. Il se pose d'abord autour du risque de création d'un Etat alaouite faisant écho à l'ancienne partition du pays dans le cadre du mandat français de 1920 à 1937. Cette éventualité pourrait se matérialiser si la communauté alaouite, dont certains membres se sentent menacés de représailles, affluait plus encore sur la côte, et en particulier à Tartous. Un réduit militaire pourrait aussi s'y défendre suite à la chute de Bachar el-Assad. Toutefois, cette solution ne permettrait pas à la communauté alaouite d'être véritablement protégee, même si elle le souhaitait, ni de prospérer, car de nombreuses villes de la région sont d'ores et déjà peuplées de sunnites, comme Lattaquié. De plus, une telle partition ne serait vraisemblablement pas viable à moyen terme, car les marchandises des ports ne bénéficieraient alors pas de l'hinterland de Damas et d'Alep. Le tourisme et l'agriculture y seraient, en outre, fortement touchés.

L'enjeu de l'autonomie du Kurdistan se pose tant du point de vue sécuritaire que politique et a des résonances régionales.

Après avoir été instrumentalisées sous le régime baasiste, certaines communautés kurdes ont été utilisées par le pouvoir au fil de l'insurrection, essentiellement pour dissuader la Turquie de la soutenir. Le régime de Damas a alors libéré certains membres du PKK turc tout en promettant une autonomie à sa branche syrienne, le Parti de l'Union démocratique (PYD), qui a joué le jeu du régime jusqu'en juillet 2012[75]. L'ampleur plus limitée des combats au Kurdistan syrien a permis à ce dernier de prendre progressivement le contrôle du Nord-Est du pays. Par ailleurs, près de dix mille réfugiés syriens kurdes auraient été accueillis dans le camp de Domiz, dans le Kurdistan irakien, renforçant ainsi le gouvernement de la région autonome irakienne et les liens entre les communautés transfrontalières[76]. Ce mouvement, bien que limité[77], pourrait toutefois, dans une certaine mesure, alimenter des conflits inter-kurdes en Syrie, et souligne la nécessité d'une coopération tripartite syro-turco-irakienne[78].

Enfin, l'intégrité territoriale sera également susceptible de concerner certains quartiers de villes où les combats ont été violents. En raison de la cruauté des exactions commises, des règlements de comptes entre opposants et civils non combattants et anciens militaires de l'armée régulière pourraient avoir lieu et conduire à la création de retranchements urbains plus ou moins grands.Enfin, le devenir des communautés druzes du sud du pays sera sans doute affecté et pourrait avoir des conséquences au Liban, car la fin d'une instrumentalisation par Damas serait porteuse de troubles. Ces éventualités font écho, plutôt qu'à un risque de partition, à un risque de « libanisation » du territoire syrien, où

[75] Voir à ce sujet La Croix (2012).

[76] Toutefois, cette base arrière irakienne permettrait également à quelques Kurdes syriens de regagner leur région d'origine et de lutter contre le PYD

[77] De nombreux exilés kurdes syriens avaient en effet trouvé refuge au Kurdistan irakien suite à la répression des émeutes de 2004, et beaucoup n'en sont toujours pas revenus.

[78] Les gouvernements turc et irakien parviennent très difficilement et à grand coût politique à lutter contre l'autonomie de leurs provinces kurdes, et devront tôt ou tard coordonner leurs approches du problème.

la fragmentation de communautés induite par le vide de l'Etat central pourrait être accentuée par des replis territoriaux voire des zones de non-droit.

## Éviter les tensions communautaires et confessionnelles

Il convient, pour évaluer ce scénario, de distinguer l'historique, les agissements récents, et l'implication dans l'opposition des différentes communautés nationales. La première communauté dont il a été question dans le débat européen est celle des Chrétiens. Il interpelle suite aux épisodes d'oppression au Moyen-Orient, particulièrement dans le contexte de la Révolution arabe. Des questions sur leur sécurité dans la Syrie post-Assad émanent ensuite du soutien de certains de leurs membres au régime, que cela soit le fait d'individus ou de la hiérarchie cléricale, mise en cause suite aux propos du patriarche Raï au Liban, et d'une attitude qualifiée de passive du clergé syrien. L'instrumentalisation de certains Chrétiens par le régime, ainsi que la nomination du clergé par lui, fournissent également du crédit historique et politique à cette idée.

Toutefois, beaucoup de Chrétiens ont pris leur distance vis-à-vis de Bachar el-Assad, précisément en raison de ce sentiment historique d'instrumentalisation. De plus, certains fidèles ont participé à l'aide apportée aux blessés et aux déplacés, à l'organisation de l'opposition, et à la liaison entre les communautés. En outre, comme le rappellent Z. Majed et S. Kawakibi[79], la communauté chrétienne de Syrie est présente dans le pays depuis très longtemps (IIe siècle avant JC), a contribué à la guerre d'indépendance, a participé à la construction de l'Etat et à la fondation des partis et vivait plutôt bien avec les autres communautés. Enfin, l'opposition a jusqu'ici tenté de rassurer toutes les communautés. Le parallèle dressé avec l'Irak, où le partage ethno-confessionnel du

[79] Voir Majed (2012) et Kawakibi (2012c).

pouvoir, puis des attaques subies par des Chrétiens, ne paraît donc pas pertinent.

L'autre facteur de conflits sociaux éventuels réside dans la montée d'un risque islamiste régulièrement pointé du doigt en évoquant les combattants présents en Syrie ou transitant depuis le Liban, l'Irak et la Turquie. Pour certains, la présence d'Al Qaeda derrière des réseaux de djihadistes combattants en Syrie, est supposée au Nord-Liban, tandis que des services de renseignement américain accusent Al-Qaeda d'avoir commis jusqu'à la fin juin 2012 70 attentats, notamment à Damas. Un réseau de djihadistes serait, toujours selon des sources américaines, à l'œuvre entre Tripoli et la région d'al-Anbar, en Irak. Comme nous l'avons vu, il paraît hâtif d'indiquer qu'ils sont toujours liés à Al-Qaeda, dont les structures sont très éclatées. Il semble plus certain que des groupes ou individus islamistes ayant combattu sur des terrains de « guerre sainte » ou sensibilisés à des doctrines de ces mouvances combattent de façon plus ou moins coordonnée. Il n'en demeurera pas moins nécessaire de veiller, en coordination avec les autorités de transition, notamment militaires, et les pays de la région, à ce que ces groupes ne prospèrent pas.

Mais il ne faut pas se faire d'illusions, les tensions sociales dépendront étroitement de la qualité de la transition politique, qui elle même prendra du temps. A cet égard, les transitions des autres pays arabes devront guider les pas des Syriens et de la communauté internationale. Parmi ceux-ci, seule la Tunisie a pu avancer dans la mise en place d'une Assemblée constituante et la formation d'un nouveau gouvernement, alors que l'Égypte est en proie à de fortes divisions et que le Maroc voit l'opposition se remobiliser. S'il ne faut pas être effrayé par la montée de partis se revendiquant de l'islam, la représentativité sera en Syrie essentielle. Le rôle de l'armée devrait aussi être important, et la redistribution des richesses, tant accaparées en Syrie, sera essentielle.

# ••• Conclusion

La Syrie bâtie par Hafez el-Assad puis par son fils était un Etat clanique construit autour de la minorité alaouite : il a atteint ses limites, le régime ayant échoué à se réformer et à réformer le pays. Mais ce sont les mêmes ressorts de cet Etat contesté qui aujourd'hui encore lui permettent d'alimenter la répression, faisant ainsi durer le scénario de pourrissement actuellement à l'oeuvre. Le régime a en effet su conserver des leviers de répression durables et se protéger par des alliances habiles avec les grands émergents, tout en soufflant le chaud et le froid sur ses relations avec les Occidentaux.

Ces derniers sont aujourd'hui pris au piège du terrain, de la défense, et des alliances bâties par la Syrie, qui empêchent toute intervention militaire de grande ampleur. Les soutiens de la Russie et de la Chine bloquent en effet toute résolution onusienne tandis que la carte iranienne et surtout les capacités déstabilisatrices de la Syrie dans la région, par exemple à travers le Hezbollah, rendent très improbable une intervention qui aurait toutes les chances de provoquer un embrasement régional. Seul le risque de dispersion des armes chimiques serait susceptible de modifier fondamentalement et rapidement la donne.

Et pourtant le régime finira sans doute par tomber. Miné par les défections et les infiltrations en son sein, de plus en plus contesté sur le terrain militaire par des insurgés de mieux en mieux armés, Bachar el-Assad devra un jour ou l'autre partir ou périr. Le rapprochement de cette échéance dépendra dans une faible mesure du renforcement des sanctions émises par la communauté internationale à l'encontre de militaires et de dignitaires syriens.

Et c'est alors que d'autres difficultés surgiront. Le défi du renversement du régime sera remplacé par d'autres, parmi lesquels la préservation de l'intégrité territoriale du pays, malgré les velléités kurdes et l'apprentissage d'un nouveau vivre ensemble dans un pays déchiré par un terrible conflit civil et qui enferme en son sein plusieurs communautés religieuses. S'ouvrira aussi dans toute la région une nouvelle phase dans laquelle de nombreux équilibres anciens auront été modifiés, et qui pourrait contribuer à la clarification de l'affrontement sunnite/chiite au sein du monde musulman. Il est à souhaiter que le nouvel ordre qui en ressortira ne consistera pas simplement en un déplacement des affrontements et tensions habituels mais sera l'occasion d'initier un chemin vers la paix pour une région qui ne la connaît plus depuis de trop longues années.

Paris, août-octobre 2012

# ●●● BIBLIOGRAPHIE SÉLECTIVE

## 1. Des caractéristiques d'un régime

**AL-HAJJ SALEH, Y. (2007)** – Political reform and the reconfiguration of national identity in Syria, Arab Reform Initiative Net, 22 juin

**ANIMA INVESTMENT NETWORK (2011)** – Note sur les relations commerciales de la Syrie , disponible sur www.animaweb.org

**BAUCHARD, D. (2008)** – La Syrie au Carrefour des risques, IFRI, Département Moyen-Orient / Maghreb, Mai

**BRÖNING, M. (2011)** – The Sturdy House that Assad built, Why Damascus is not Cairo, Foreign Affairs Snapshot, March 7

**DAOUDY, M. (2005)** – Le long chemin de Damas : La Syrie et les négociations de paix avec Israël, Les Etudes du CERI, N° 119, Novembre

**DONATI, C. (2009)** – L'exception syrienne : Entre modernisation et résistance, Eds La Découverte, Cahiers Libres, Paris

**GOLD, D., SHAPIRA, S., HAASS, N., INDYK, M. (2009)** – Defending the Golan Heights, Letter to the Editor, Foreign Affairs, disponible sur le site www.foreignaffairs.com (Juin 2011)

**KEPEL, G. (2004)** – Fitna : Guerre au cœur de l'islam, Eds. Gallimard

**LE GAC (1991)** – La Syrie du Général Assad, Eds Complexe

**PERTHES, V. (1995)** – The Political Economy of Syria under Assad, Londres, I.B. Tauris

**SEURAT, M. (2012)** – Syrie : L'Etat de barbarie, Presses universitaires de France, collection Proche-Orient

**VALTER, S. (2002)** – La construction nationale syrienne. Légitimation de la nature communautaire du pouvoir par le discours historique, CNRS Éditions, Paris

**VEDRINE, H. (2012)** –Dans la mêlée mondiale, Fayard

## 2. Une puissance régionale isolée mais incontournable

**ASSEMBLÉE NATIONALE (2010) -** Rapport d'information de la députée Élisabeth Guigou sur "La place de la Syrie dans la communauté internationale"

**BAKER, J., HAMILTON, L. *ET ALII* (2006) -** The Iraq Study Group Report: The Way Forward – A New Approach, Random House, Inc., 2006

**BILION, D. (2011)** – Syrie : les dures lois de la Realpolitik, Analyse publiée sur le site www.affaires-stratégiques.info, Mai

**Chirac, J. (2011)** – Le temps présidentiel, Mémoires, Tome II, Eds Nil, Juin

**Commission européenne (2011)** – EU Bilateral Trade and Trade with the world : Syria, DG Trade Statistics, disponbile sur www.ec.europa.eu/trade

**Kreutz, A. (2010)** – Syrie : le meilleur atout de la Russie au Moyen-Orient, Russie NEI Visions n° 55, IFRI, Novembre

**Kundnani, H. (2011)** – Germany's contribution du the Arab Spring : arms sales, article publié par l'European Council of Foreign Relations (ECFR), disponible sur www.ecfr.eu

## 3. La chute de la Syrie remet en cause l'équilibre du Moyen-Orient

**Ayad, C. (2011)** – Syrie : l'incroyable silence du monde arabe, article publié dans Courrier international, 28 août 2011

**Balci, B. (2012)** – The Syrian dilemma : Turkey's response to the crisis, Carnegie endowment for international peace, février

**Benraad, M. (2012)** – Irak : l'héritage américain, article publié dans Politique internationale, Été 2012

**Kepel, G. (2012)** – Révolutions arabes : la tectonique syrienne, tribune publiée dans Le Figaro, 23 août

**Larrabee, S. (2012) :** The Turkish Iranian alliance that wasn't, Article écrit en juillet 2011 paru en juillet 2012 sur le site de la Revue *Foreign Affairs*, www.foreignaffairs.com

**Le Monde (2012b)** - Le grand retour de la diplomatie égyptienne, article publié dans l'édition du 30 août

**Levy, D. (2011)** – Same Netanyahu, different Israel: the

democratic challenges to peace, Foreign Affairs snapshot, 24 mai

**SALEM, P. (2012)** – Can Hezbollah weather the Arab spring? Article publié sur le site Project syndicate le 19 juin

**SOLER I LECHA, EDUARD (2011)** : The conceptual architecture of Turkish foreign policy : an update in light of regional turbulence, *in* Documentos CIDOB Mediterraneo, June

**STEPHENS, M. (2012)** – What does Qatar want in Syria? Article paru sur le site Open democracy (www.opendemocracy.net) le 6 août

**THRALL, N. (2012)** – Le Hamas à l'heure des choix, tribune publiée dans Le Figaro du 20 septembre 2012

**WAILLY (DE), H. (2010)** - Liban, Syrie : le mandat (1919-1940), Edss Perrin

## 4. Que faire face au pourrissement continu de la situation ?

**AL HENDI, A. (2011)** – The Structure of Syria's repression : Will the Army break with the regime ? May 3, Foreign Affairs Snapshot

**ALTERMAN, J. (2011)** – Syria's future worries US Allies, Interview de l'auteur, Directeur du Middle East Program, Center for Strategic and International Studies, Council on Foreign Relations, disponible sur www.cfr.org

**AKYOL M. (2011)** – Turkey's maturing foreign policy : how the Arab Spring changed the AKP *in* Foreign Affairs Snapshot, July 7th

**Badran, T. (2011)** – Syria's Assad no longer in vogue: what everyone got wrong about Bachar el-Assad, Foreign Affairs Snapshot, March 25th

**Boniface, P. (2011)** – La guerre en Lybie protège Bachar el-Assad, Interview du Directeur de l'IRIS paru dans Le Monde du 28 juin

**Daoudy, M. (2011)** – Syria at a crossroads, Briefing paper, disponible sur http://www.chathamhouse.org.uk/

**De Rivière, N. (2012)** – La mise en œuvre de la responsabilité de protéger en Côte d'Ivoire et en Libye, *in* Revue Mondes, les Cahiers du Quai d'Orsay, n° 10, Printemps 2012

**Fleury, J. (2012)** – Syrie : Pas d'intervention ! Les forces françaises ne peuvent affronter Damas, tribune de l'ancien Chef d'état major de l'Armée de l'air française dans Le Monde, 23 août

**Froment-meurice, H. (2012) :** Afghanistan : le retour de la Russie, tribune publiée dans Le Figaro, 3 septembre

**Haass, R. (2011)** – Weakened US in Stormy Mideast, Interview de l'auteur par M. Bernard Gwertzman, Council of Foreign Relations, April 29th, disponible sur www.cfr.org

**International Crisis Group (2011)** – Popular protest in North Africa and the Middle East: The Syrian people's slow motion revolution, Middle East/North Africa Report N°108, 6 juillet

**International Institute for Strategic Studies (2011)** – Making sense of Syria, Volume 17, Comment 25, June 25th

**Jeangene Vilmer, J-B. (2012)** – La guerre au nom de l'humanité : tuer ou laisser mourir, Presses Universitaires de France (PUF), 2012

**Jeangene Vilmer, J-B, Schmitt, O. (2012)** – Quels avions pour Alep ? (Réponse à BHL), tribune publiée dans Le Monde du 16 août

**Kawakibi, S. (2012a)** – Qu'el Assad accepte le Plan de l'ONU ne veut pas dire qu'il l'appliquera, Interview publiée dans Le Figaro daté du 29 mars 2012

**Kawakibi, S. (2012b)** – Les Etats-Unis font preuve d'hypocrisie, Interview publiée dans Le Figaro daté du 7 août

**Kawakibi, S. (2012e)** – L'islam politique et la démocratie font peur aux Russes, interview du 6 juin avec le journal El Watan, disponbile sur www.confluences-mediterranée.com

**Le Monde (2012a) –** Syrie : la Russie impose ses vues aux Occidentaux, article publié dans l'édition du 3 juillet

**Leverrier, I. (2012)** – La chute du régime passera par les défections, Interview parue dans *La Croix* du 15 août

**Levy, B-H (2012)** – Des avions pour Alep ! Tribune publiée dans Le Monde daté du 15 août

**Marty, O. (2011)** – Quelles perspectives pour l'insurrection syrienne ?, Article publié dans la Revue Esprit, n°12, décembre

**Marty, O. (2012)** – Perspectives pour la Syrie. Le régime de Bachar el-Assad va-t-il tomber ?, Article publié dans la Revue Futuribles, n° 382, Février

**Marty, O., Kervran, L. (2012)** – Le Liban et la crise syrienne, article paru en novembre sur le site Confluences Méditerranée (www.confluences-méditerranée.com)

**Norton, A.R. (2007)** – Hezbollah, a short history, Princeton University Press

RIEDEL, B. (2012) – Al Qaeda in Syria : Jihadists use chaos in Arab awakening, Brown Politics Memo, Brookings, 28 août

ROBERTS, D. (2011) – Behind Qatar's intervention in Libya, Foreign Affairs Snapshot, 28 septembre, disponible sur www.foreignaffairs.com

SOLER I LECHA, EDUARD (2011) : The conceptual architecture of Turkish foreign policy : an update in light of regional turbulence, *in* Documentos CIDOB Mediterraneo, June

THOUVENIN, J-M. (2012) – La responsabilité de protéger : nouvelle norme internationale ? *in* Revue Mondes, les Cahiers du Quai d'Orsay, n° 10, Printemps

VEDRINE, H. (2011) – Le monde arabo-musulman : un long processus vers la démocratie, Conférence du Club Siparex prononcée le 15 juin au Collège des Bernardins, Paris

## 5. Les enjeux de la transition syrienne

AITA, S. (2012) – La période de transition va être très dure, Interview au journal Le Figaro du 15 août

KAWAKIBI, S. (2012C) – L'opposition syrienne fait tout pour rassurer, Interview publiée dans Le Figaro daté du 2 août

KAWAKIBI, S. (2012D) – Five minutes with Salam Kawakibi, Interview conduite le 29 juin 2012 par les éditeurs d'EUROPP Chris Gilson et Julian Kirchherr pour le compte de la London School of Economics, disponible sur www.blogs.lse.ac.uk

LA CROIX (2012) – Les Kurdes du PKK changent de stratégie, article de l'édition du 15 août

MAJED, Z. (2012) – Le scénario irakien fait peur aux Chrétiens de Syrie, interview de l'auteur par Arte Journal, 6 août

**PAUL, K. (2012)** – Syria's alawite refuge. A letter from Tartus, Foreign Affairs, 18 juillet

# ●●● TABLE DES MATIÈRES

**L'HARMATTAN, ITALIA**
Via Degli Artisti 15; 10124 Torino

**L'HARMATTAN HONGRIE**
Könyvesbolt ; Kossuth L. u. 14-16
1053 Budapest

**ESPACE L'HARMATTAN KINSHASA**
Faculté des Sciences sociales,
politiques et administratives
BP243, KIN XI
Université de Kinshasa

**L'HARMATTAN CONGO**
67, av. E. P. Lumumba
Bât. – Congo Pharmacie (Bib. Nat.)
BP2874 Brazzaville
harmattan.congo@yahoo.fr

**L'HARMATTAN GUINÉE**
Almamya Rue KA 028, en face du restaurant Le Cèdre
OKB agency BP 3470 Conakry
(00224) 60 20 85 08
harmattanguinee@yahoo.fr

**L'HARMATTAN CAMEROUN**
BP 11486
Face à la SNI, immeuble Don Bosco
Yaoundé
(00237) 99 76 61 66
harmattancam@yahoo.fr

**L'HARMATTAN CÔTE D'IVOIRE**
Résidence Karl / cité des arts
Abidjan-Cocody 03 BP 1588 Abidjan 03
(00225) 05 77 87 31
etien_nda@yahoo.fr

**L'HARMATTAN MAURITANIE**
Espace El Kettab du livre francophone
N° 472 avenue du Palais des Congrès
BP 316 Nouakchott
(00222) 63 25 980

**L'HARMATTAN SÉNÉGAL**
« Villa Rose », rue de Diourbel X G, Point E
BP 45034 Dakar FANN
(00221) 33 825 98 58 / 77 242 25 08
senharmattan@gmail.com

**L'HARMATTAN TOGO**
1771, Bd du 13 janvier
BP 414 Lomé
Tél : 00 228 2201792
gerry@taama.net

637925 -  Janvier 2016
Achevé d'imprimer par